PALAIS, MAISONS,

ET

AUTRES ÉDIFICES MODERNES,

DESSINÉS A ROME;

Publiés à Paris, l'an 6 de la République française (1798, v. st.)

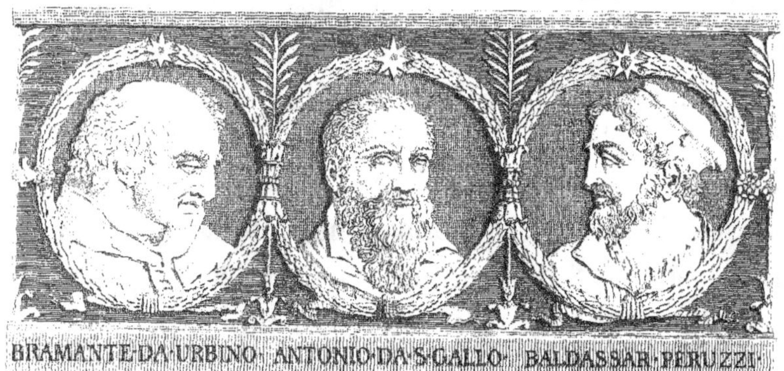

A PARIS,

Chez Ducamp, marchand papetier, rue Saint-Honoré, au coin de celle de Valois, maison des Quinze-Vingts, n°. 157.

DE L'IMPRIMERIE DE BAUDOUIN.

DISCOURS PRÉLIMINAIRE.

Les architectes arrivant à Rome pour y étudier leur art, doivent naturellement porter leurs premiers regards sur les restes précieux de l'antiquité et sur ces masses imposantes, qui, ayant résisté aux ravages des temps et de la barbarie, attestent à la postérité la grandeur et la puissance des Romains.

Après ce premier coup-d'œil, leur admiration se partage entre ces beaux monumens et ceux que la piété des papes ou la magnificence des princes romains ont élevés dans le quinzième siècle, lors de la renaissance des arts.

Le dessin et la gravure, en multipliant ces chefs-d'œuvre, ont, pour ainsi dire, mis Rome sous les yeux de tout le monde.

Quelques maîtres habiles ont fixé les principes élémentaires de l'architecture d'après l'étude de ces édifices. Ils ont enseigné à les voir, à les comparer; et, par les exemples que plusieurs nous ont laissés, ils ont démontré que, jusques dans les choses qui paroissoient le moins susceptibles d'intérêt, on pouvoit faire une heureuse application de ces beaux modèles.

Cette observation a long-temps échappé à l'attention des architectes qui ont voyagé en Italie. Il sembloit que les études à faire dans ce beau pays ne pouvoient servir qu'aux artistes qui avoient de grands monumens à construire, et que l'on devoit abandonner à la routine ou au caprice des ouvriers tout ce qui ne présentoit pas un certain degré d'importance.

Cependant il existe dans toute l'Italie, et sur-tout dans Rome, un grand nombre de charmantes habitations, qui, sous les formes les plus simples, portent l'empreinte du génie, et font voir a l'artiste attentif qu'on peut encore acquérir de la gloire en soignant les plus petites productions. Cette observation doit consoler ceux qui professent un art dans lequel un concours bien rare de chances heureuses peut seul amener les occasions de faire de grands ouvrages.

Si les Bramante, les Vignole, les Palladio, les Sangallo, les Balthasar Perruzzi, ont trouvé dans l'antiquité des modèles pour les édifices qu'ils ont bâtis; si ces maîtres habiles ont su employer, jusques dans les plus petites maisons, cette belle ordonnance, cette heureuse disposition, cette recherche même qui en fait tout le charme, pourquoi ne chercherions-nous pas à les imiter? On ne peut nier que la publication des maisons du Vicentin, par Palladio, n'ait été très-utile à l'architecture, et on conviendra sans doute qu'un œuvre qui mettroit sous les yeux des artistes les maisons de Rome construites à différentes époques par les plus célèbres architectes, seroit une collection variée d'objets extrêmement précieux par les moyens de comparaison et d'application qu'elle présenteroit.

On ne pourra voir sans le plus vif intérêt les hommes habiles que nous venons de nommer, porter dans la simple habitation du citadin le même génie, les mêmes soins, la même recherche qu'ils ont mis à élever des temples et des édifices somptueux. Ils ont embelli tout; et, sous leurs mains, la modeste retraite du sage est devenue aussi agréable que le magnifique palais du riche. Pleins de l'importance de leur art, ils nous ont appris à le dégager des préjugés de la routine et des extravagances du caprice : ils ont enseigné à prendre la nature pour guide, et ses imitateurs pour modèles; ils ont, en quelque sorte, restauré l'architecture en la ramenant à son véritable but. Par-tout on les voit profiter avec art des données du site, et remplir avec une adresse admirable les besoins de la chose. Ingénieux jusques dans les plus petits détails, ils n'ont jamais travaillé au hasard : ils ont senti que rien ne pouvoit être beau en architecture, s'il n'étoit commandé par une utilité reconnue; que le véritable génie consistoit, non pas, comme quelques modernes l'ont cru, à se mettre en guerre avec la raison pour faire de la nouveauté et produire de bizarres extravagances, mais bien dans l'art d'employer heureusement les moyens que la nature indique, que le site commande, et que le programme exige.

C'est en remplissant ces conditions qu'ils ont su donner à chaque chose le caractère qui lui est propre. C'est ainsi que, toujours guidés par le bon goût, ils sont parvenus à faire oublier jusqu'aux difficultés qu'ils avoient eues à combattre.

En effet, la plupart de leurs ouvrages portent l'empreinte de cette simplicité rare qui enchante, et qui, comme une vérité dévoilée, paroît toujours facile à ceux auxquels on la découvre.

Pittoresques sans désordre, symmétriques sans monotonie, et toujours soigneux dans l'exécution, ils réunissent souvent, pour s'exprimer en termes d'art, la composition au rendu. Le marbre, la pierre, la brique, le bois, et les autres matériaux, sont employés par eux avec un art qu'on ne se lasse pas d'admirer, et dont on trouve peu d'exemples ailleurs.

Les architectes italiens, il faut l'avouer, l'ont emporté sur tous les autres. Produire beaucoup d'effet avec les moyens les plus simples, semble être le but qu'ils se sont proposé; tandis que, chez nous, on paroît tendre vers le but contraire. On diroit, à voir la plupart de nos ouvrages modernes, nos appartemens ingénieusement rétrécis, nos petites distributions, nos colonnes de plâtre, nos bois bronzés, nos marbres peints; on diroit qu'en cela, plus enfans que tous les autres, nous jouons à l'imitation en nous contentant de l'apparence.

Nous ne chercherons pas à dévoiler les véritables causes de cette dégradation de l'art. Nous ne pouvons croire qu'elle ait été motivée par des raisons d'économie : car il seroit facile de prouver que ces fausses imitations, loin d'être moins dispendieuses, occasionnent au contraire des dépenses continuelles, tant par leur peu de durée que par le prix excessif que les ouvriers habiles exigent pour ces sortes d'ouvrages. Nous pourrions peut-être prononcer avec regret qu'elle est la preuve certaine que jamais chez nous l'architecture n'a été en grande faveur : car ce n'est pas parce qu'il existe un palais, un temple, un monument, dans une ville, qu'on aura la certitude que les beaux arts y ont fait leur séjour ; un seul homme peut les y avoir un moment assujettis à son orgueil ou à son caprice. Mais quand, à chaque pas, on est arrêté par un chef-d'œuvre de magnificence, ou même de simplicité ; quand par-tout on rencontre des monumens élevés à l'utilité publique ; quand les plus petits détails portent l'empreinte de ce goût délicat qui annonce qu'un peuple entier a cultivé les beaux arts, alors on reconnoît qu'on est en Italie, et que ce beau pays a long-temps été leur véritable patrie. C'est là seulement que la plus modeste habitation offre à l'artiste observateur des beautés peu imposantes, à la vérité, par leur échelle, mais dans un rapport plus direct avec les besoins du grand nombre : c'est chez ce peuple ingénieux qu'on ira prendre des leçons ; c'est chez lui enfin qu'on trouvera des modèles à suivre. Puissions-nous forcer nos neveux à venir nous admirer aussi ! Puissions-nous encore, après avoir embelli nos jouissances par les beaux arts, servir à notre tour d'exemple à la postérité !

Ces réflexions nous ont déterminés à publier un recueil de palais, de maisons et de quelques autres édifices particuliers de Rome. Nous présentons sur une même échelle ce que cette ville offre de plus grand et de plus petit, de plus magnifique et de plus simple dans ce genre.

On verra que plusieurs plans, dont l'exécution coûteroit moins que les plus petites maisons de Paris, sont soignés dans leur composition avec autant d'intérêt que les plus grands palais. On observera que ces édifices doivent leur éclat plutôt à l'arrangement de leur plan et à l'aspect de leur masse qu'à une vaine profusion d'ornemens.

Nous avons joint aux élévations et coupes, que nous avons gravées au trait seulement, des vues intérieures pour donner une idée de l'effet pittoresque qu'elles produisent. Nous avons aussi extrait de quelques-uns des palais que nous publions, un choix de fragmens et d'ornemens tant antiques que modernes, pour les rassembler sur une même feuille, et les mettre ainsi sous les yeux des artistes, particulièrement des étudians. Nous nous sommes asservis avec exactitude aux mesures et à la ressemblance, en nous permettant cependant de ne représenter de chaque chose que la partie qui nous a paru digne d'être publiée. C'est pourquoi on trouvera des élévations et coupes sans leurs plans, ainsi que des plans sans leurs élévations.

Nous ne prétendons pas dire qu'on doive copier servilement tous les édifices que nous présentons : nous ne les donnons pas comme entièrement exempts de défauts. Nous savons encore que notre climat, nos matériaux, nos usages, nous prescrivent souvent d'autres formes. Mais cependant nous pouvons dire qu'en observant la marche qu'ont suivie les architectes italiens dans leurs compositions, en les comparant avec les données qu'ils avoient à remplir, en les étudiant enfin, les artistes observateurs sauront profiter avec avantage des lumières que cette collection leur offrira.

Voilà les vues qui nous ont fait entreprendre l'ouvrage que nous leur présentons. S'ils applaudissent à nos efforts, si nous parvenons à servir l'art que nous professons, nous aurons atteint le but que nous nous sommes proposé, et nous continuerons avec zèle un plus grand ouvrage auquel nous avons déja consacré plusieurs années d'étude et de travail.

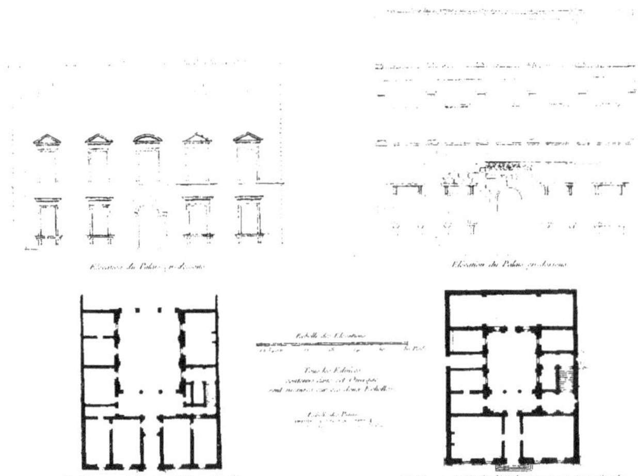

Élévation du Palais précédent

Élévation du Palais ci-dessous

Échelle des Élévations

Tous les Édifices contenus dans cet Ouvrage sont mesurés sur ces deux Échelles.

Échelle des Plans

Petit Palais dans la Strada de' Balestrari près le Palais Spada.

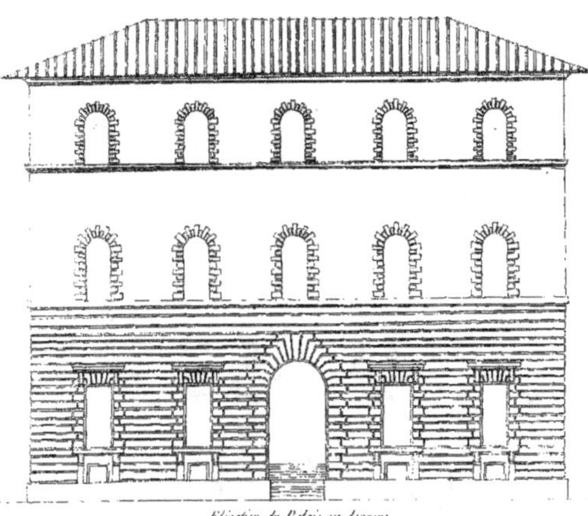

Elévation du Palais ci-dessous.

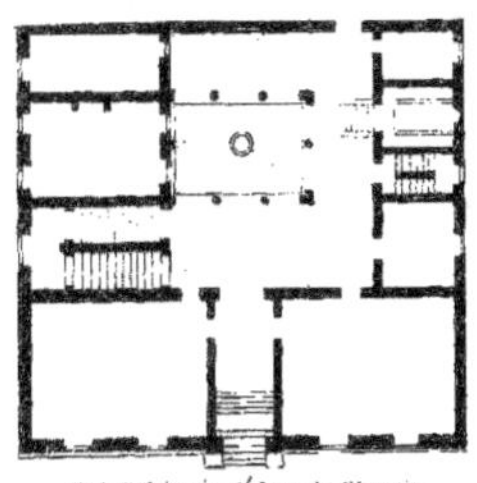

Petit Palais près S.t Jean des Florentins.

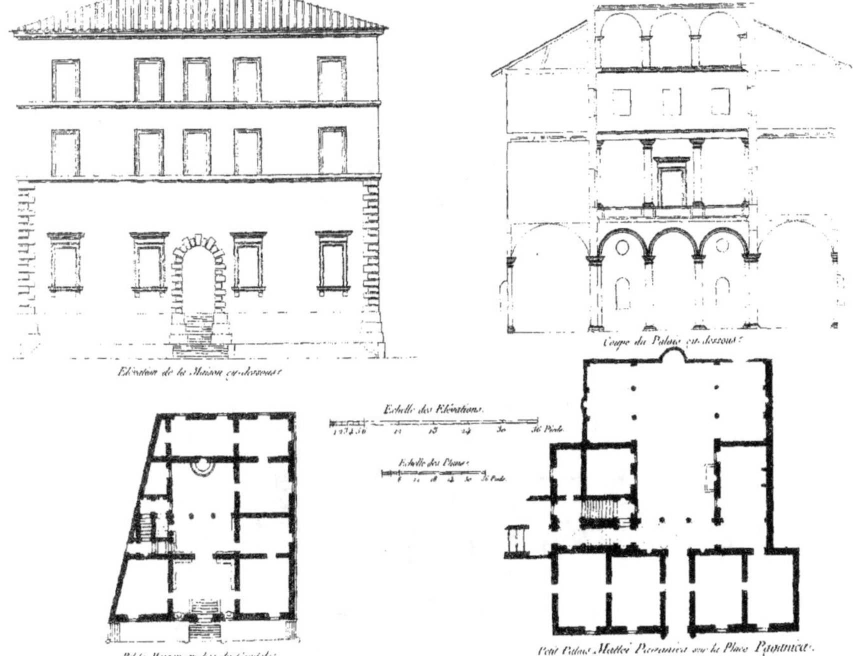

Elévation de la Maison ci-dessous.

Coupe du Palais ci-dessous.

Petite Maison au bas du Capitole.

Petit Palais Mattei Paganica sur la Place Paganica.

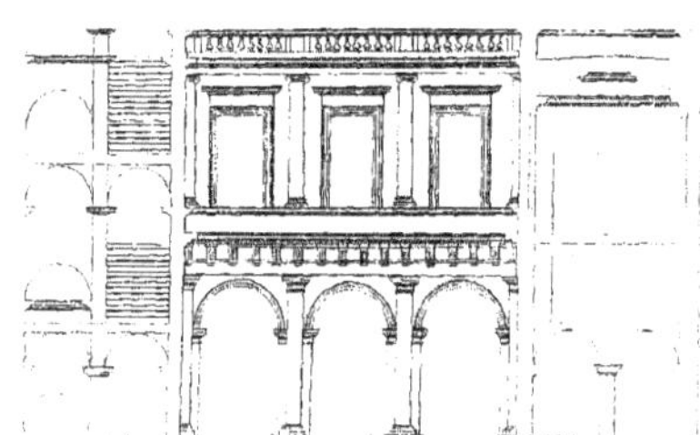

Coupe du Palais cy-dessous.

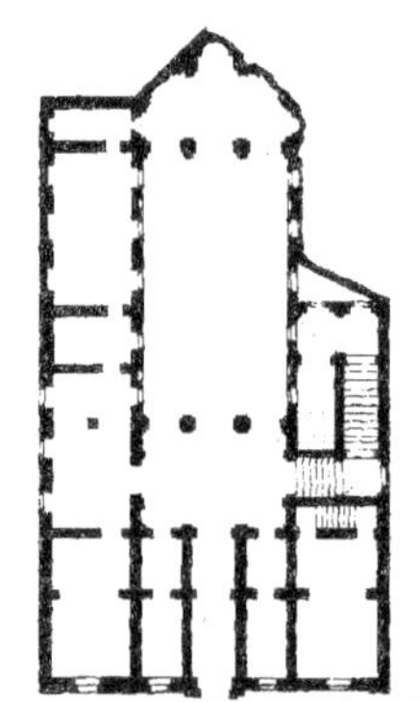

Petit Palais Massimi Strada della Valle.

Elevation du Palais cy dessus.

Echelle des Elevations

1 2 3 4 5 6 12 18 24 30 36 Pieds

Echelle des Plans

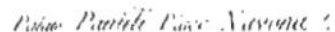

Palais Pamfili Place Navone.

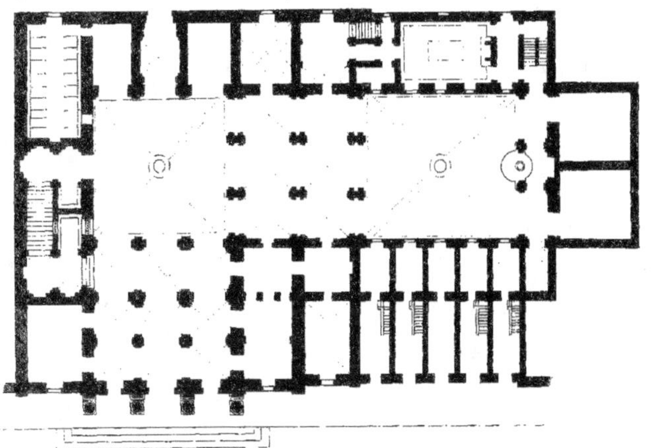

Echelle des Plans

6 12 18 24 30 36 Pieds

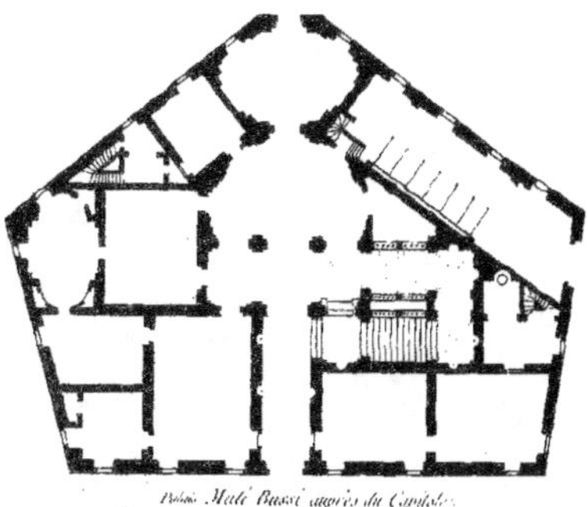

Palais Mati Bassi auprès du Capitole.

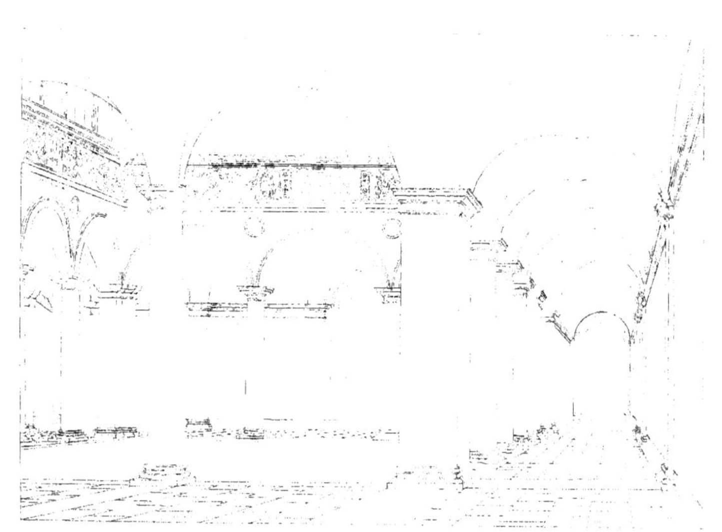

Interno della Corte in Primo del Palazzo Pisani della Vedova

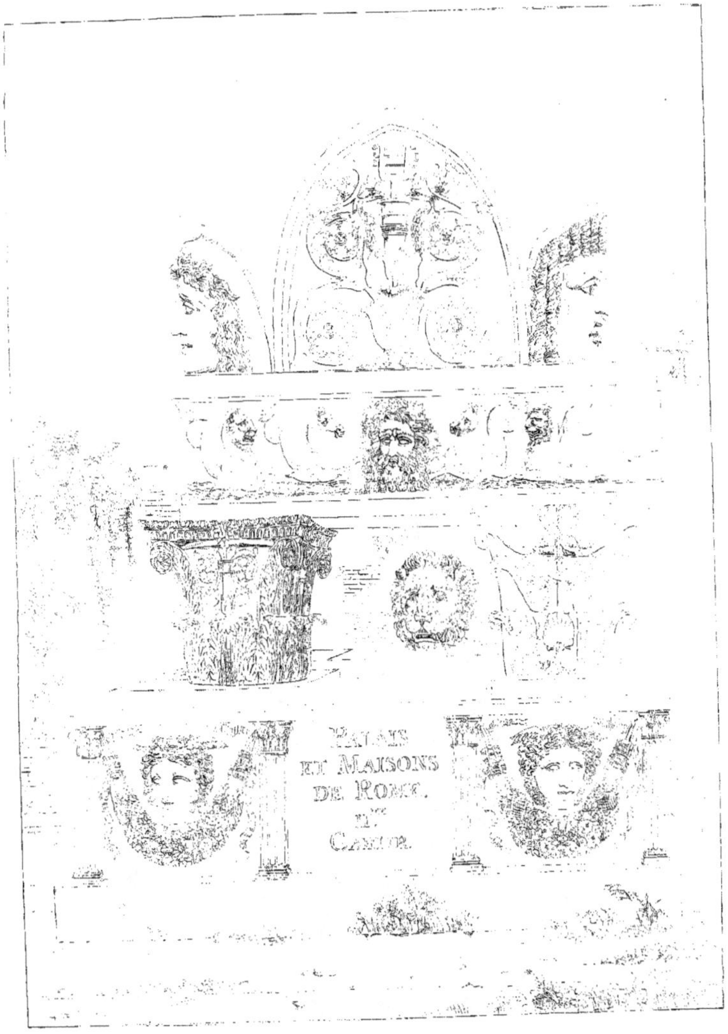

Pl. 7.

PALAIS
ET MAISONS
DE ROME.
II.me
CAHIER.

Pl. 3

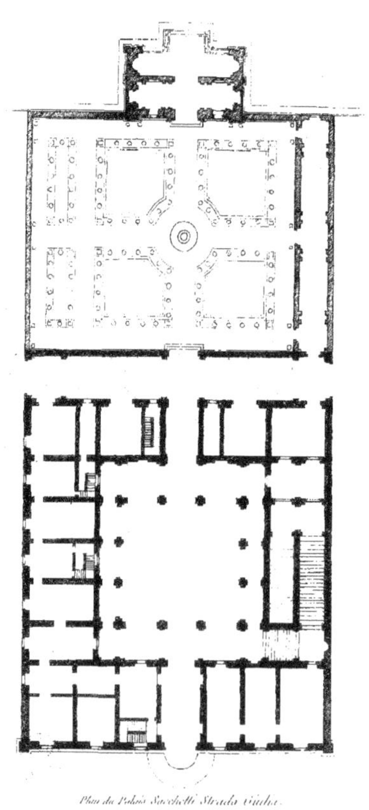

Plan du Palais Sacchetti Strada Giulia.

Echelle du Plan.

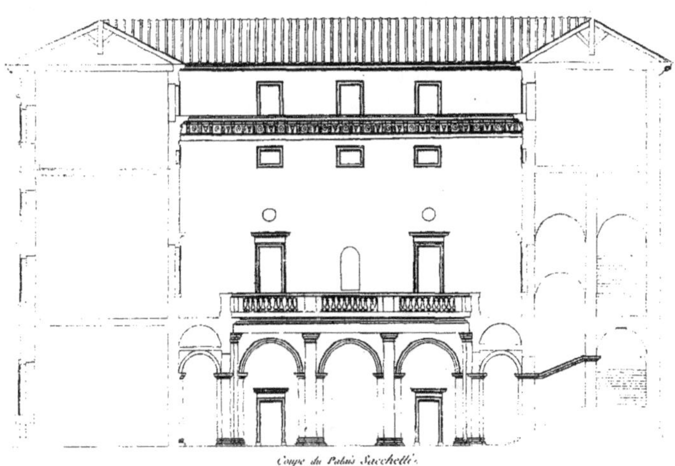

Coupe du Palais Sacchetti.

Echelle des Elévations.

1 2 3 4 5 6 12 18 24 30 36 Pieds.

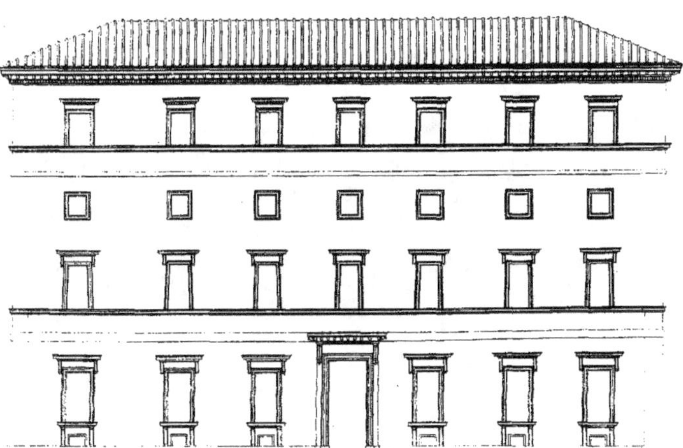

Elévation du Palais Sacchetti Strada Giulia.

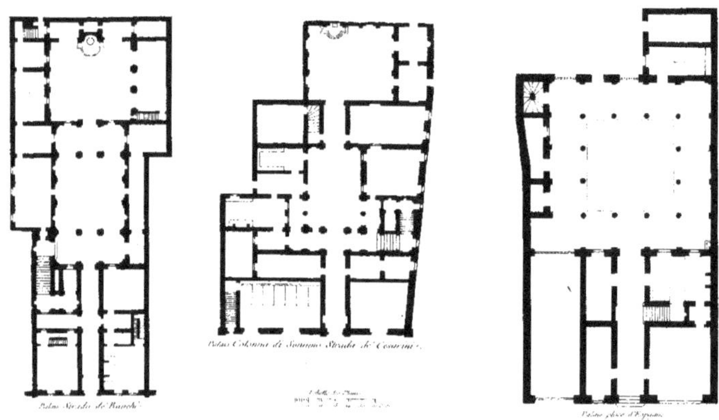
Palais Strada de' Banchi
Palais Colonna di Sonnino Strada de' Cesarini
Palais place d'Espagne

Pl. 11.

Pl. 12

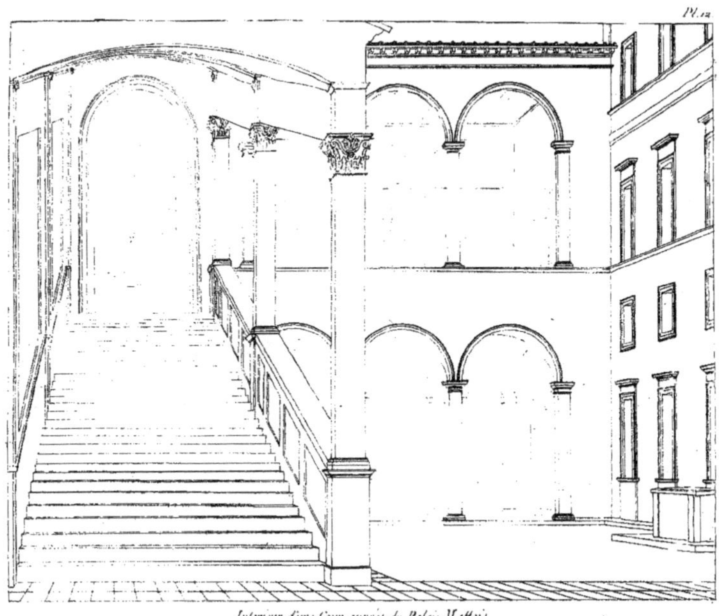

Interieur d'une Cour auprès du Palais Mattei.

Pl. 13

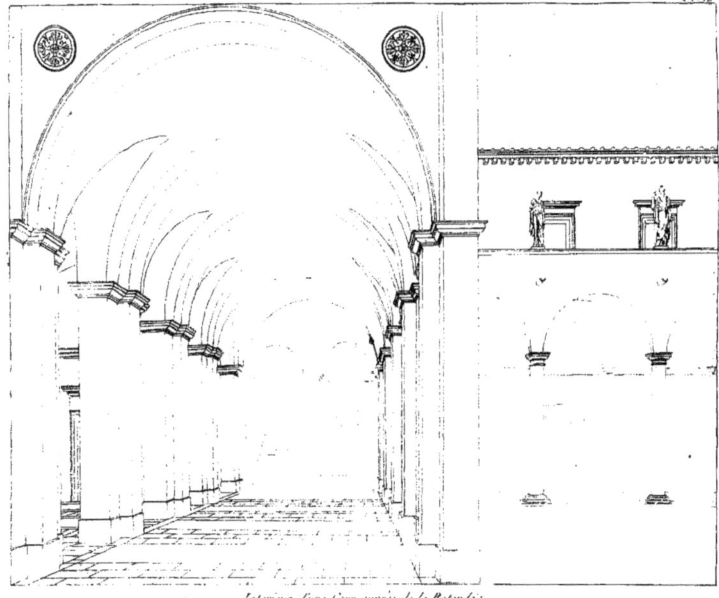

Interieur d'une Cour auprès de la Rotonde.

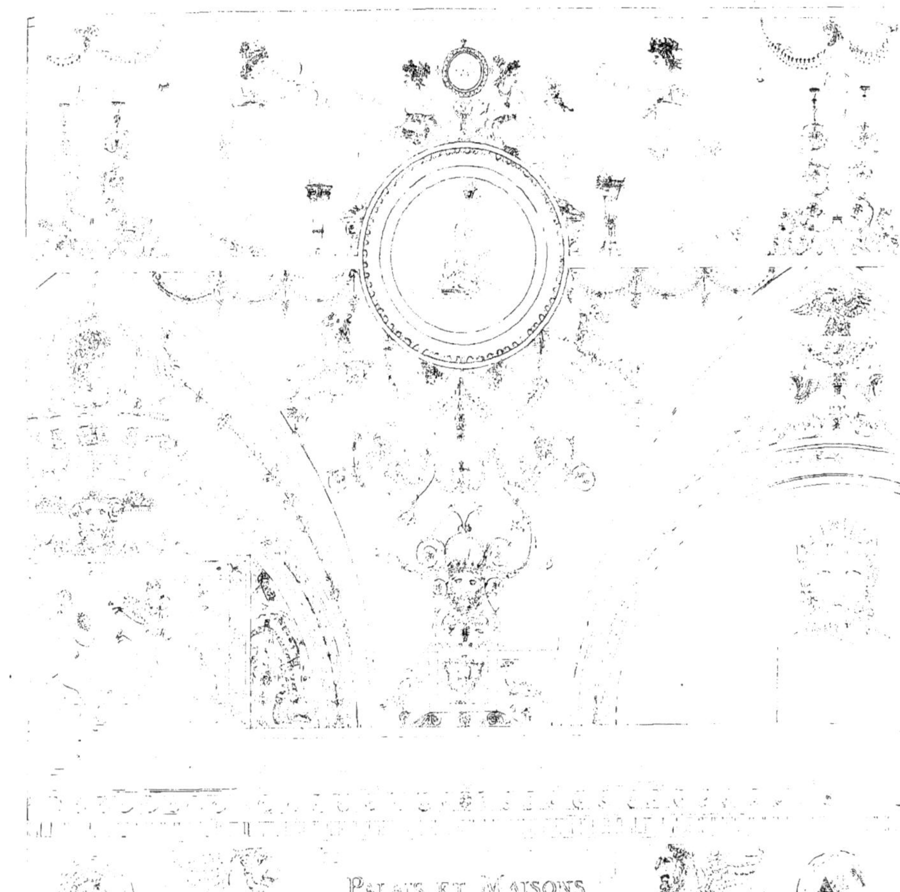

PALAIS ET MAISONS
DE ROME,
IIIe
CAHIER.

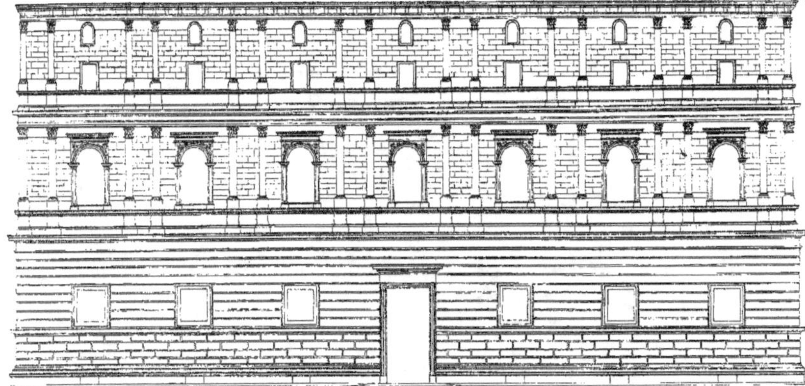

Élévation du Palais cy-dessous.

Echelle des Élévations.

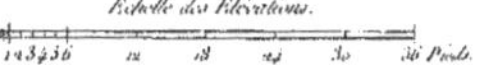

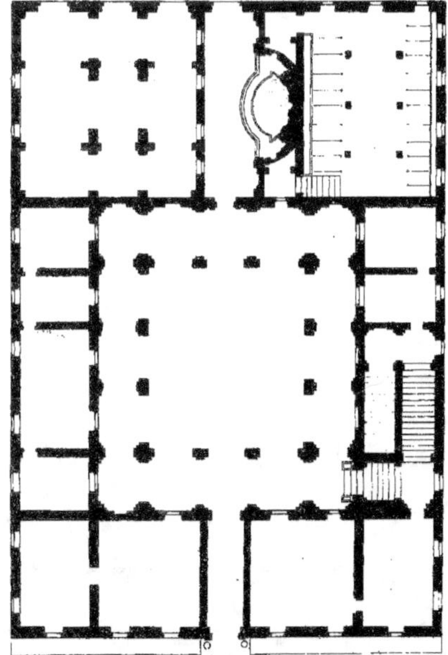

Plan du Palais Giraud Strada del Borgo novo.

Echelle des Plans.

Palais sur la Place della Pilotta.

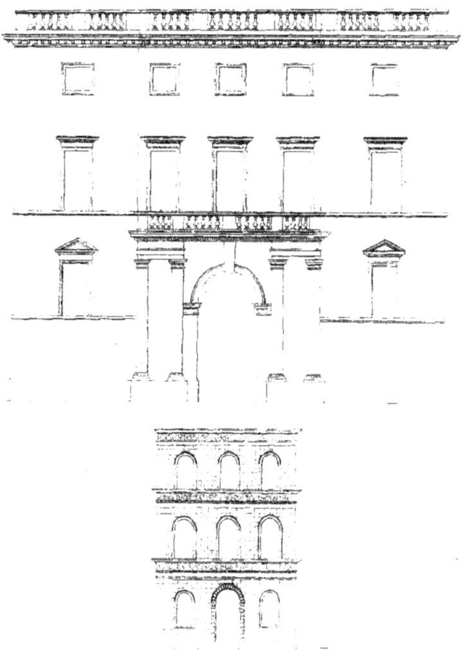

Petite Maison Vicolo del Governo.

Echelle des Elévations.

1 2 3 4 5 6 12 18 24 30 36 Pieds.

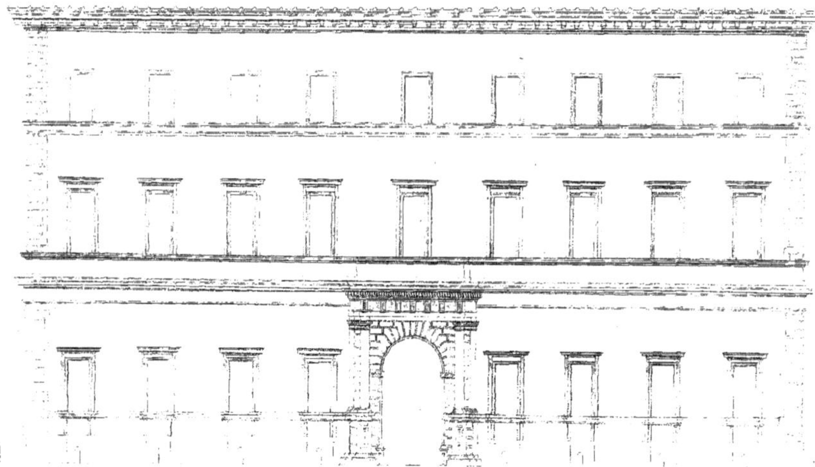

Palais Colonna di Carbognano place Sciarra al Corso.

Pl. 1re.

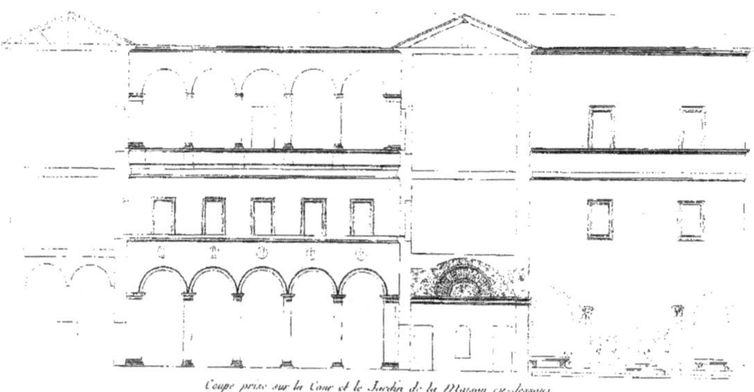

Coupe prise sur la Cour et le Jardin de la Maison ci-dessous.

Echelle des Elévations.

1 2 3 4 5 6 12 18 24 30 36 Pieds.

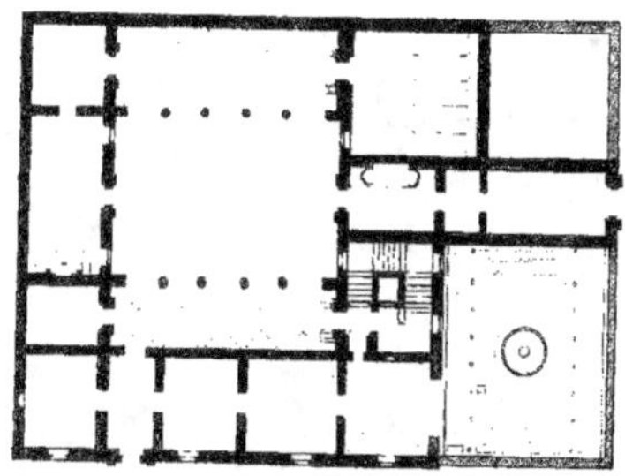

Plan d'une Maison Strada del Teatro della Valle.

Echelle des Plans.

6 12 18 24 30 36 Pieds.

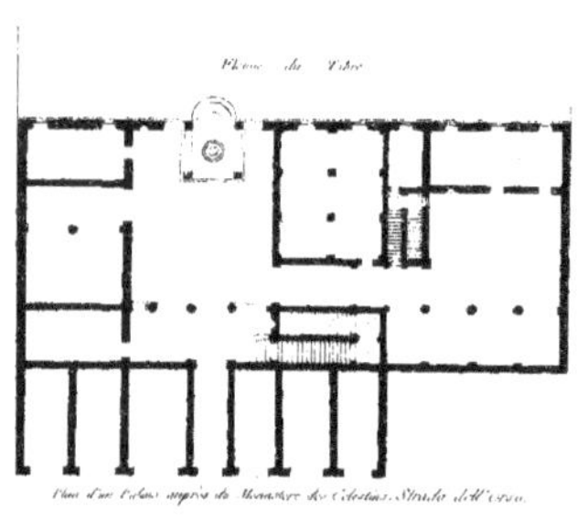

Plan d'un Palais auprès du Monastère des Célestins, Strada dell'Orso.

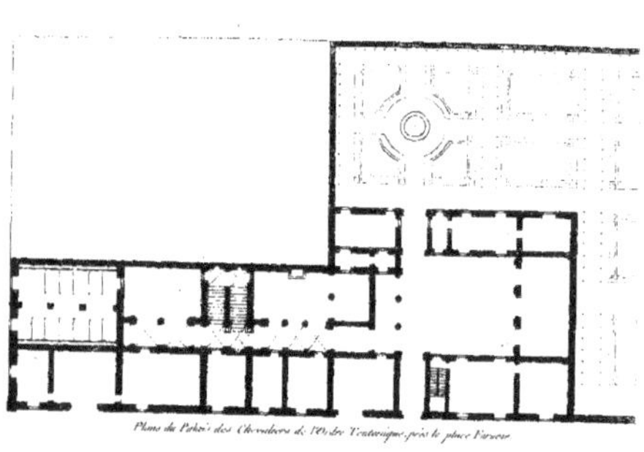

Plan du Palais des Chevaliers de l'Ordre Teutonique, près la place Farnèse.

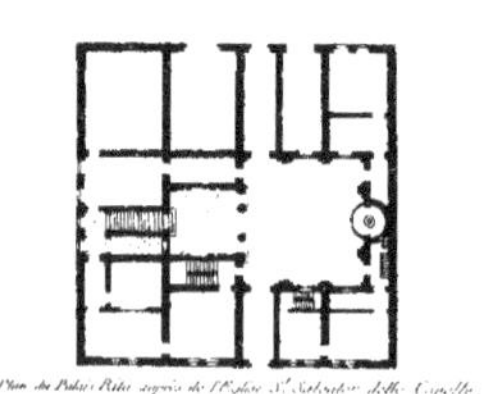

Plan du Palais Ritz auprès de l'Église S.t Salvator delle Coppelle.

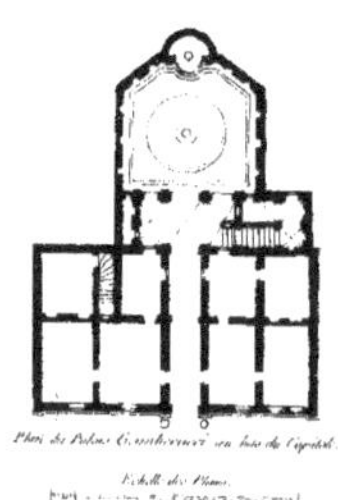

Plan du Palais Cavalieri au bas du Capitole.

Échelle des Plans.

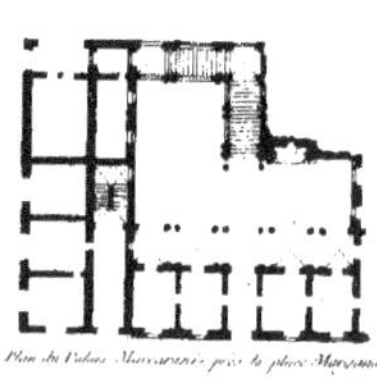

Plan du Palais Maccarani près la place Margana.

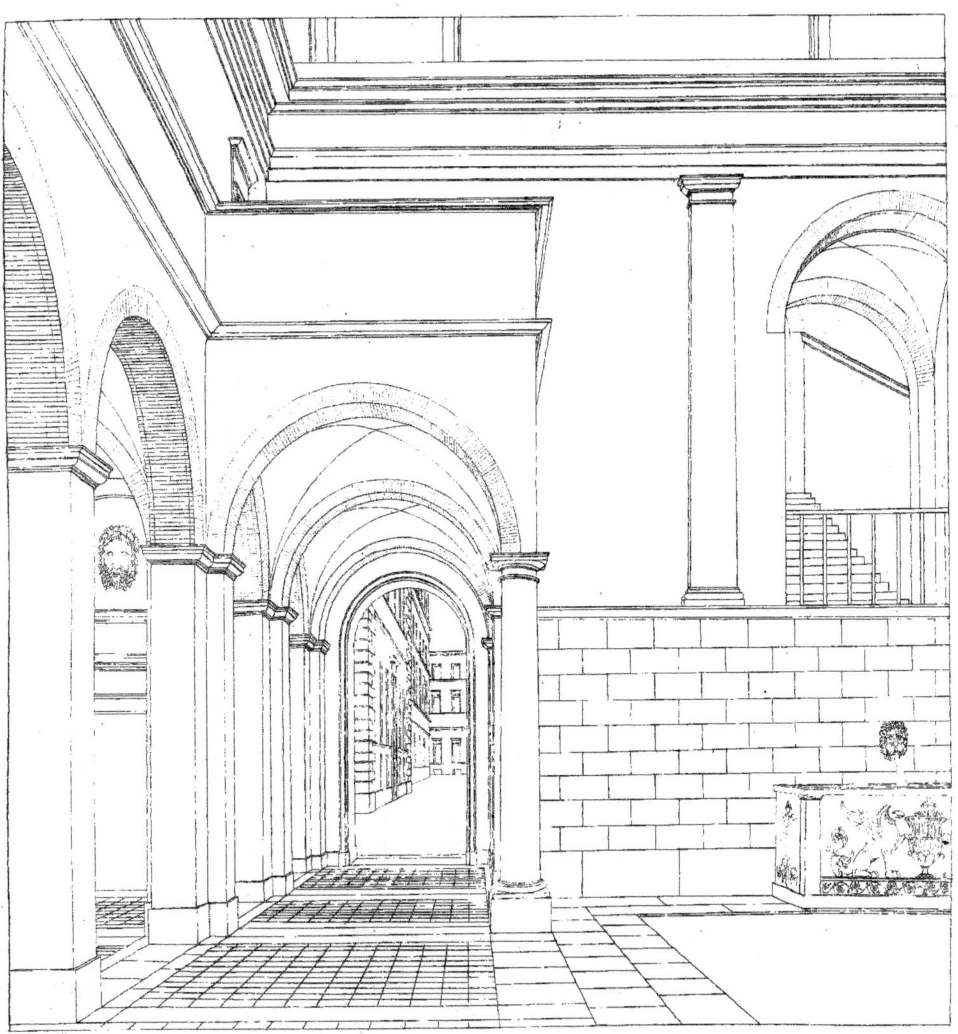

Cour d'une Maison près S.t Louis des Français.

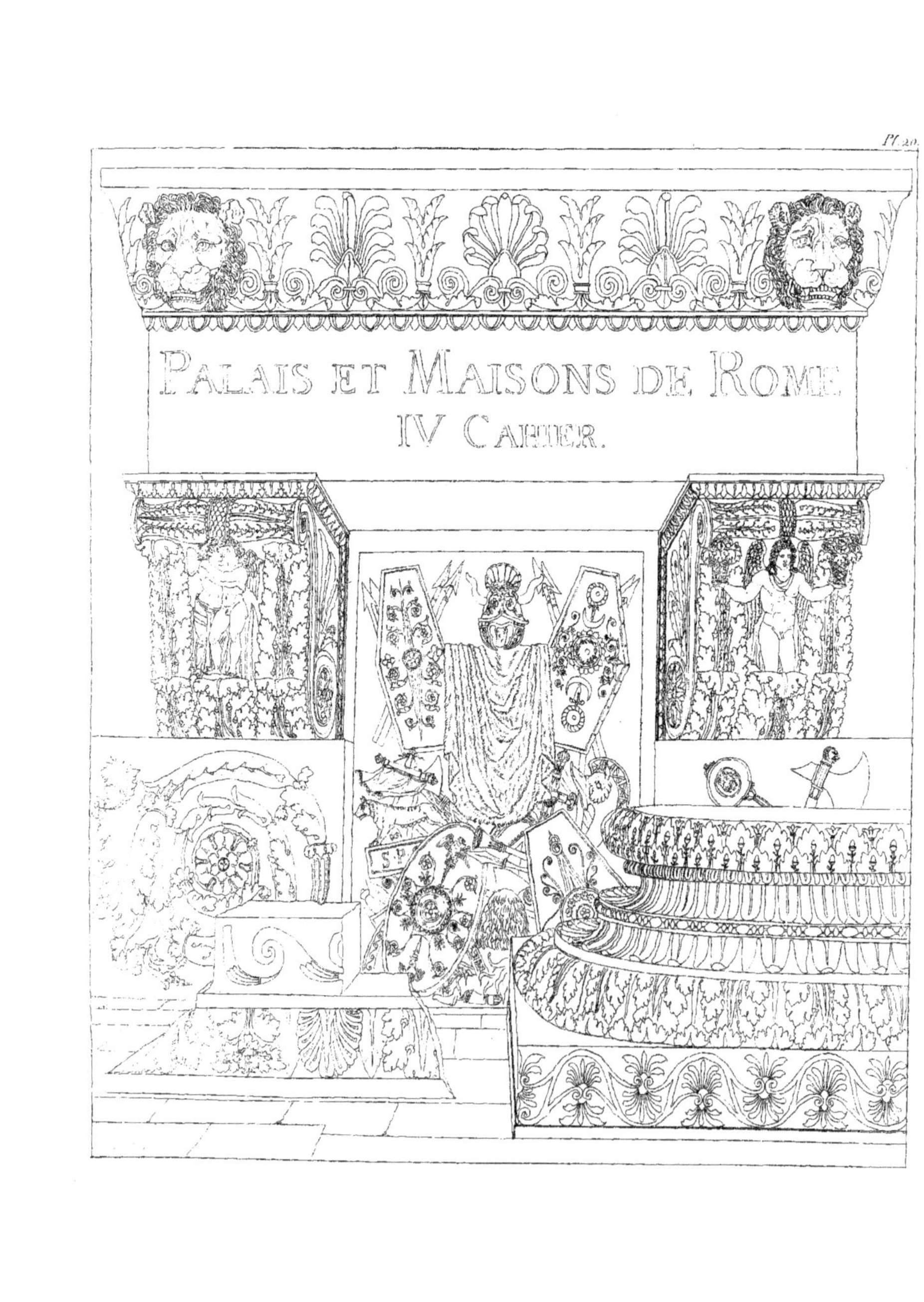
PALAIS ET MAISONS DE ROME
IV CAHIER.
S.P

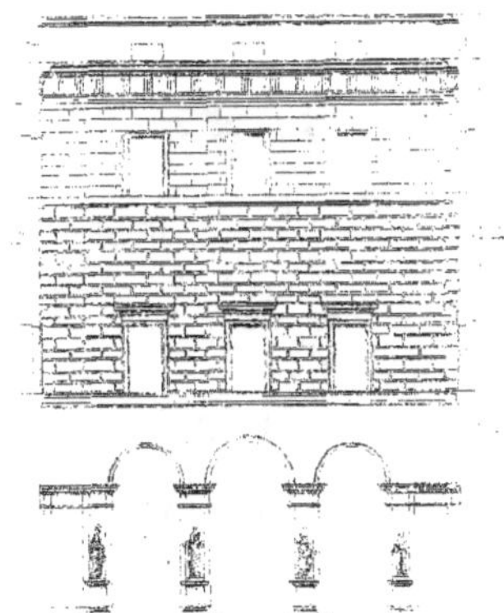

Coupe du Palais cy-dessous.

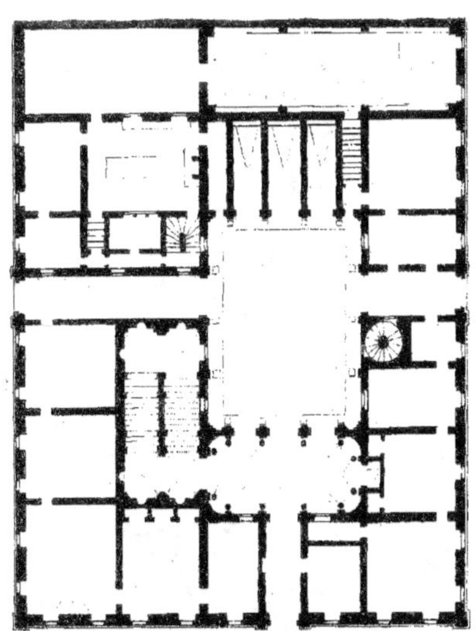

Plan du Palais Giustiniani près le Panthéon.

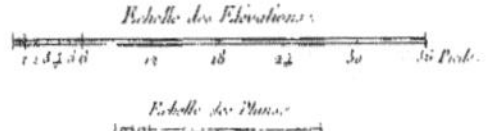

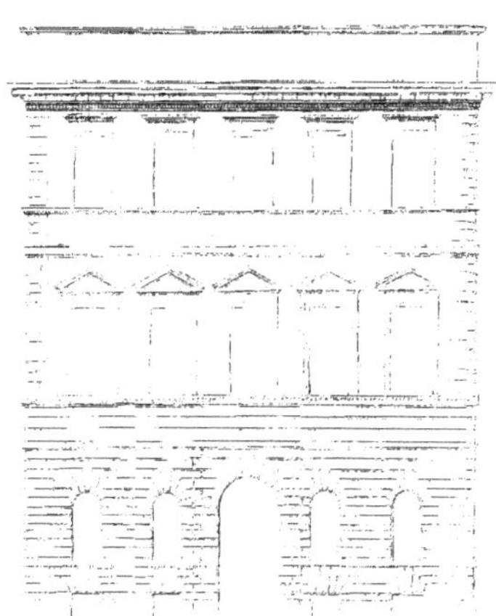

Echelle des Elévations.

1 2 3 4 5 6 12 18 24 30 36 Pieds.

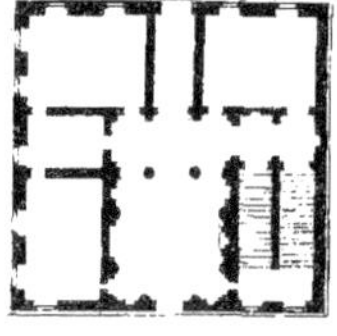

Echelle des Plans.

6 12 18 24 30 36 Pieds

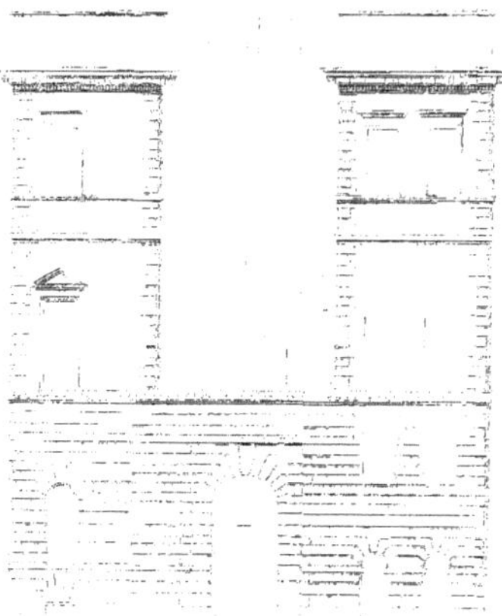

Plan, Coupes et Elévations d'un petit Palais Vicolo dell' Aquila, près la Chancellerie.

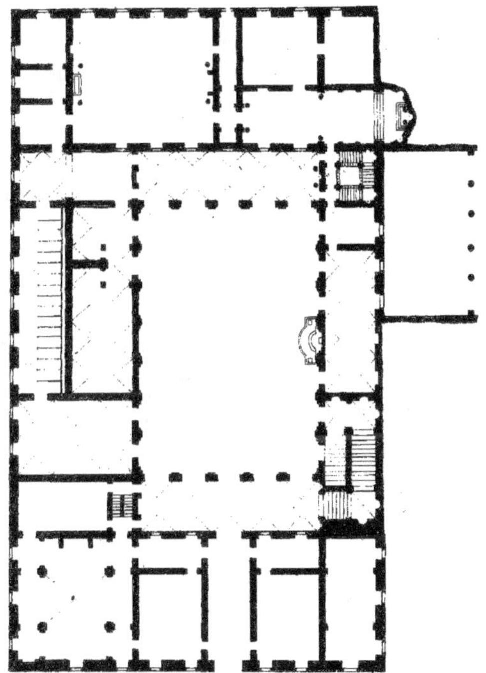

Plan du Palais Altemps Piazza Palombara.

Echelle des Plans.

6 12 18 24 30 36 Pieds.

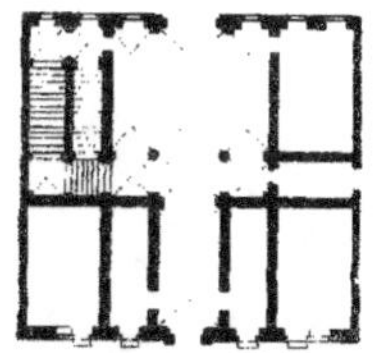

Plan d'une Maison Borgo di San Pietro.

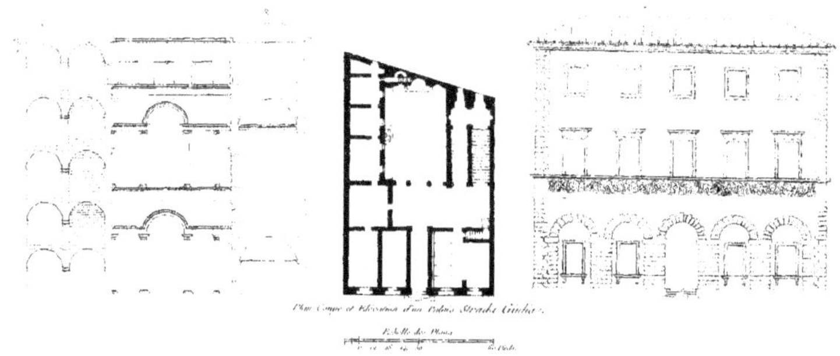

Plan Coupe et Elévation d'un Palais Strada Giulia.

Pl. [illegible]

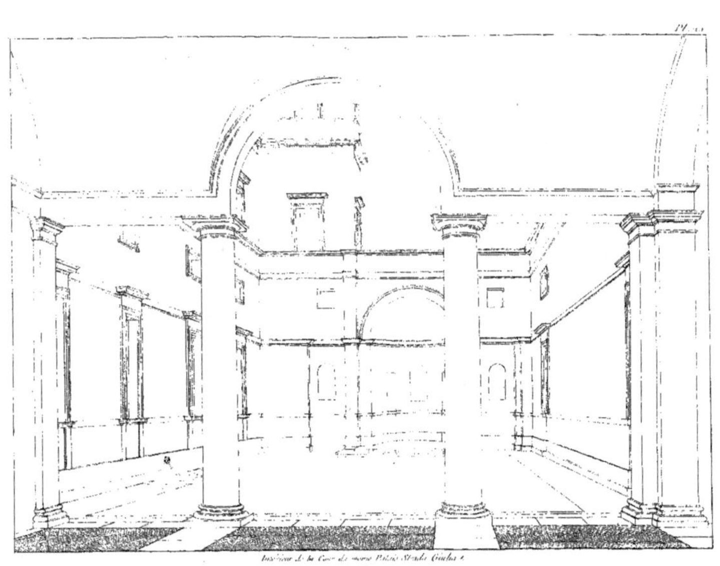

Intérieur de la Cour du même Palais Strada Giulia.

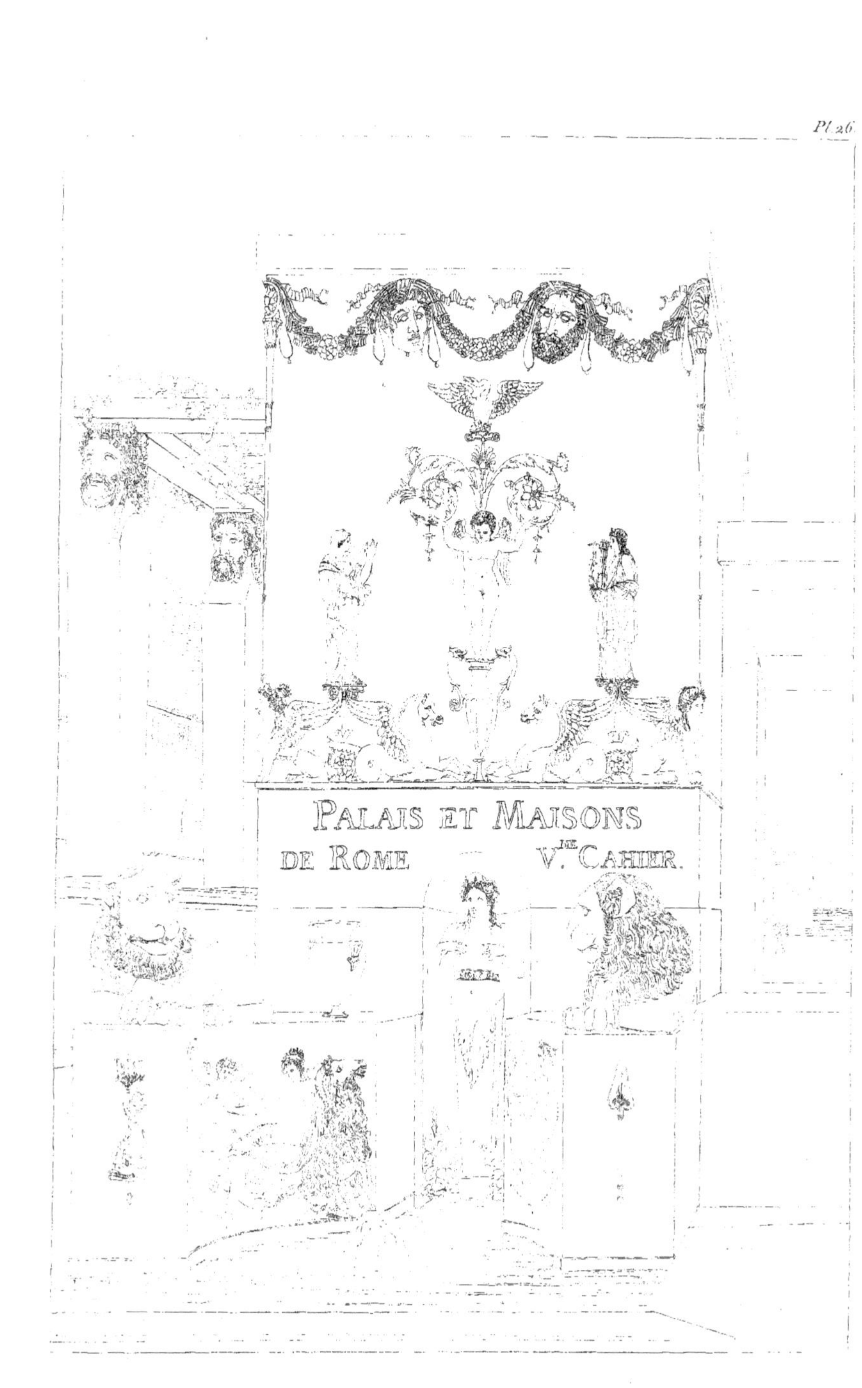
PALAIS ET MAISONS
DE ROME
V.me CAHIER.

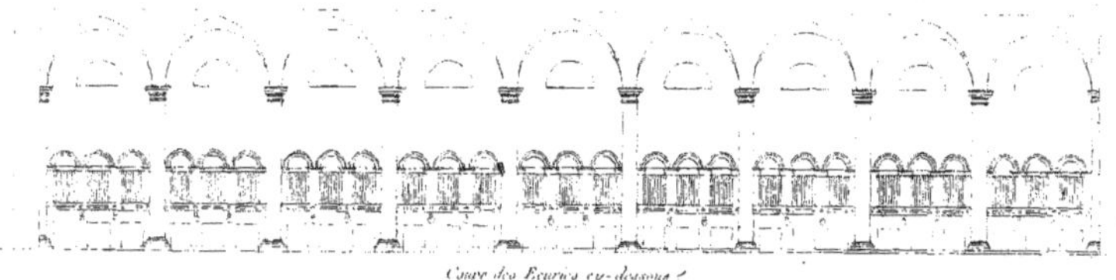

Coupe des Ecuries cy-dessous.

Echelle des Elevations.

1 2 3 4 5 6 12 18 24 30 36 Pieds

Echelle des Plans.

6 12 18 24 30 36 Pieds

Plan du Palais Doria Strada del Corso.

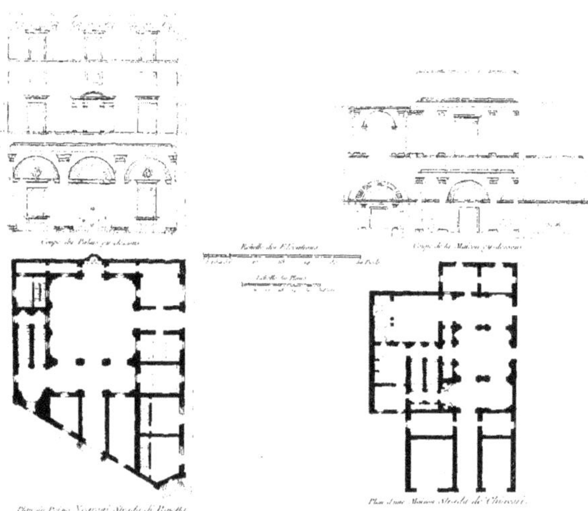

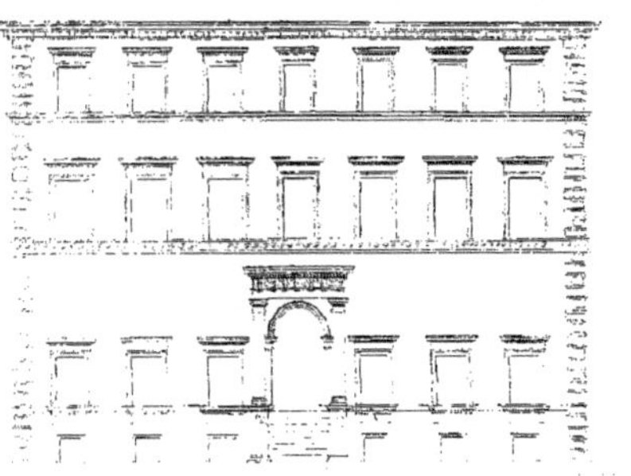

Elevation d'un Palais en face de la Poste de Venise.

Echelle des Elevations.

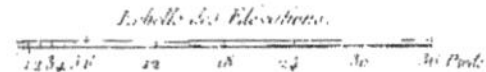

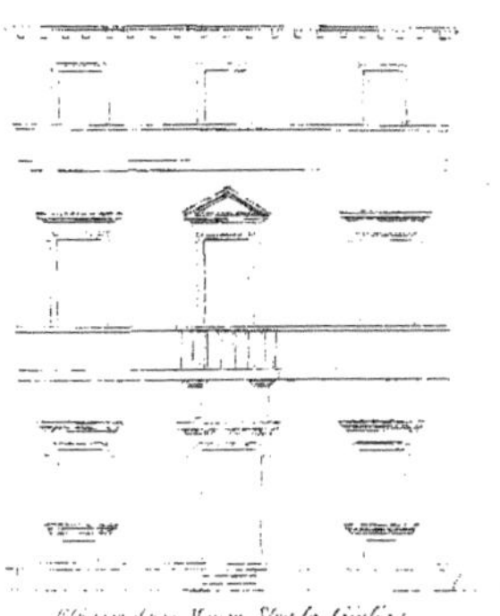

Elevation d'une Maison Strada Giulia.

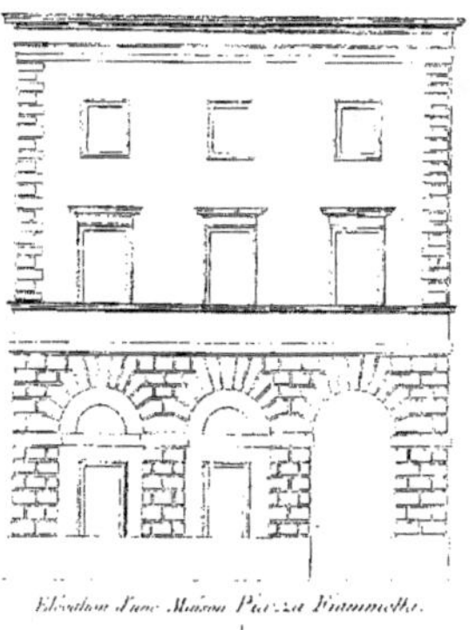

Elevation d'une Maison Piazza Fiammetta.

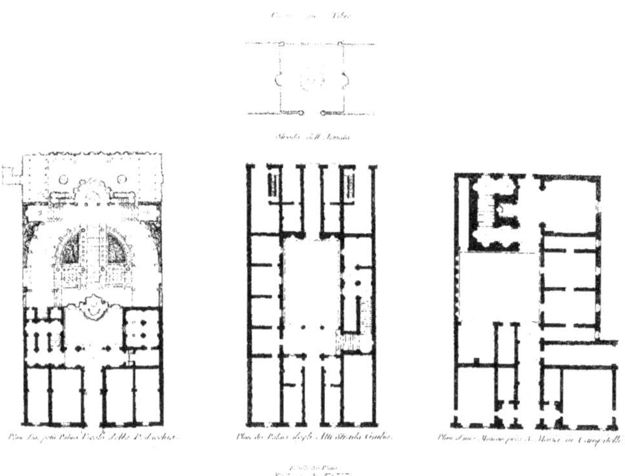

Plan d'un petit Palais Vicolo della Pedacchia.

Plan du Palais degli Atti Strada Giulia.

Plan d'une Maison près S. Marie in Campitelli.

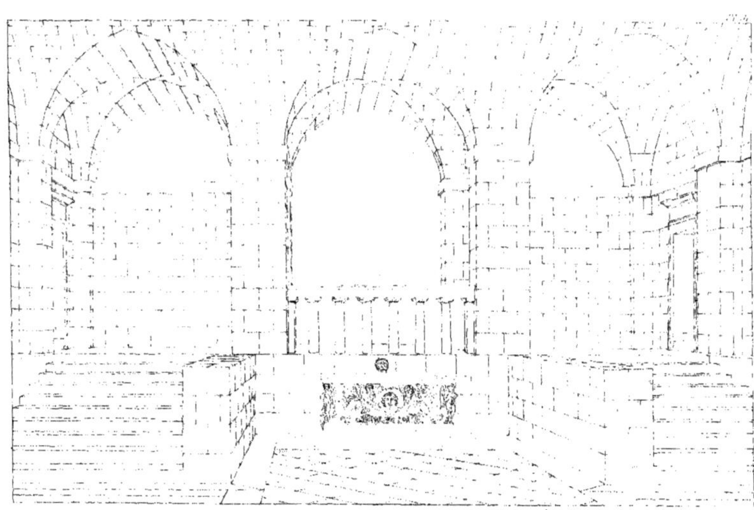

Vestibule d'une Maison Strada Felice.

Palais et Maisons
de Rome.
VI.e Cahier.

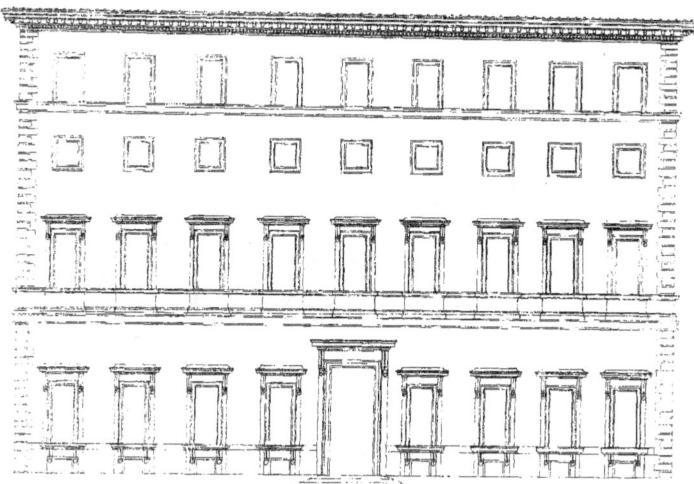

Élévation du Palais cy-dessous.

Échelle des Élévations.

1 2 3 4 5 6 12 18 24 30 36 Pieds.

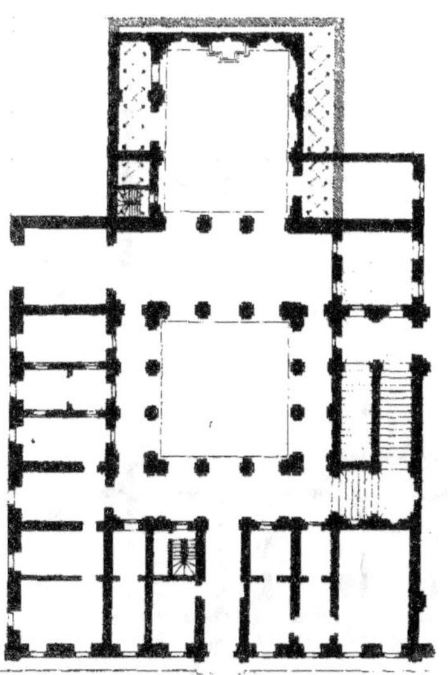

Plan du Palais Negroni Strada delle Botteghe oscure.

Échelle des Plans.

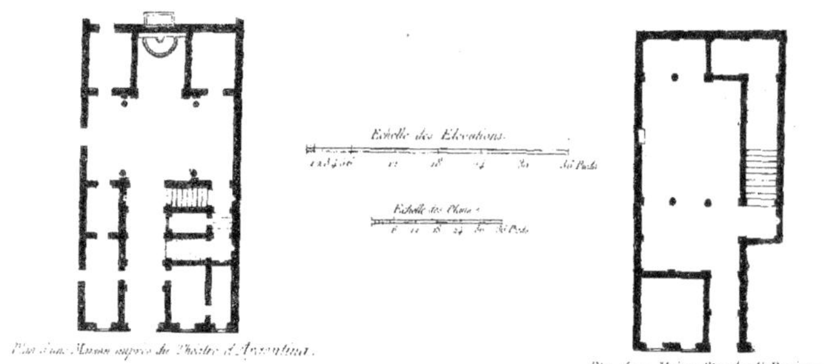

Plan d'une Maison auprès du Théâtre d'Argentina.

Plan d'une Maison Strada di Parione.

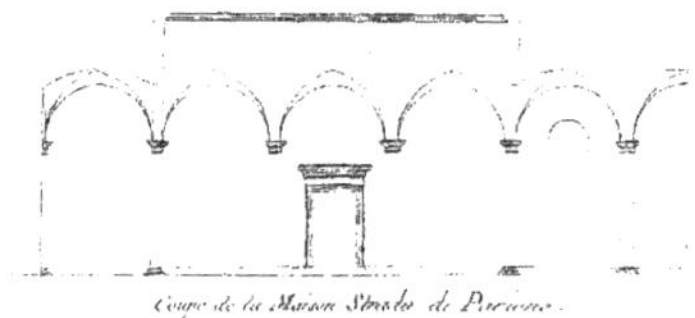

Coupe de la Maison Strada de Parione.

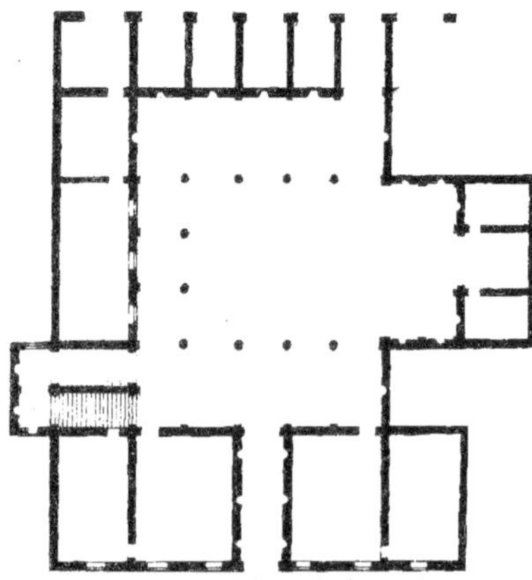

Plan du Palais Lanti Piazza de' Caprettari.

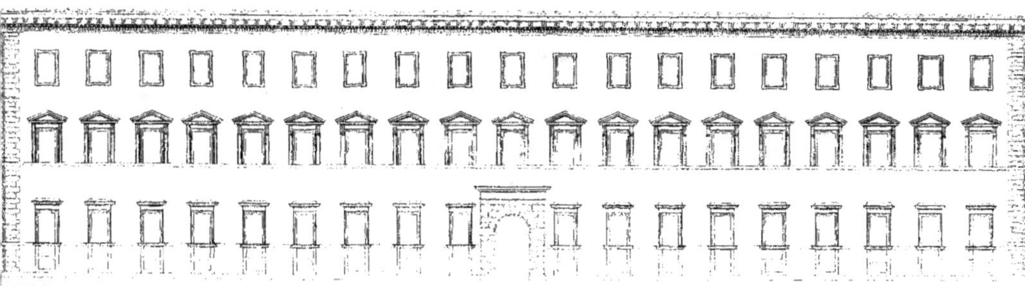

Élévation du Palais Ruspoli Strada del Corso.

Échelle de l'Élévation

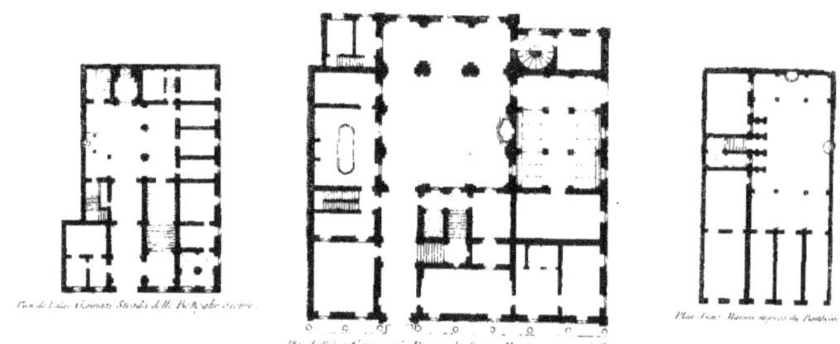

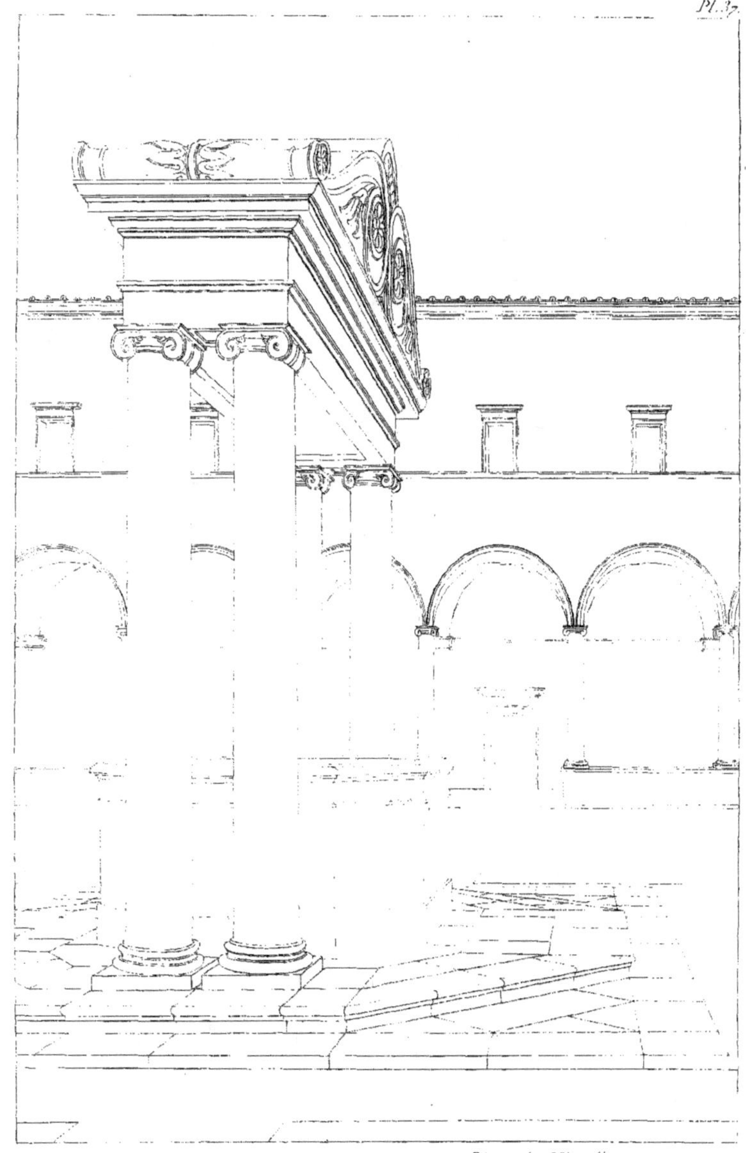

Ajustement d'un Puit dans le Cloître de San Pietro in Vincoli.

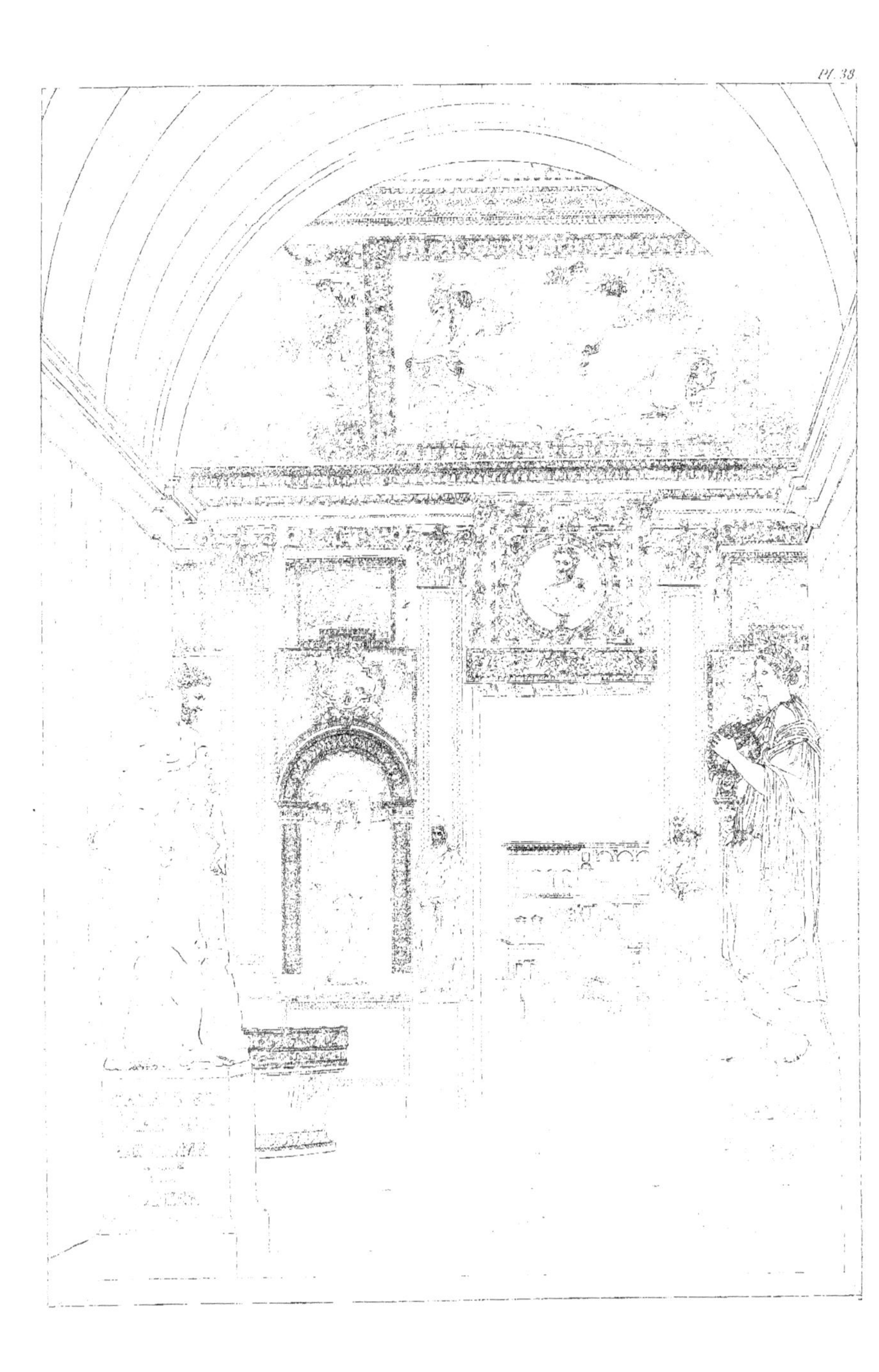

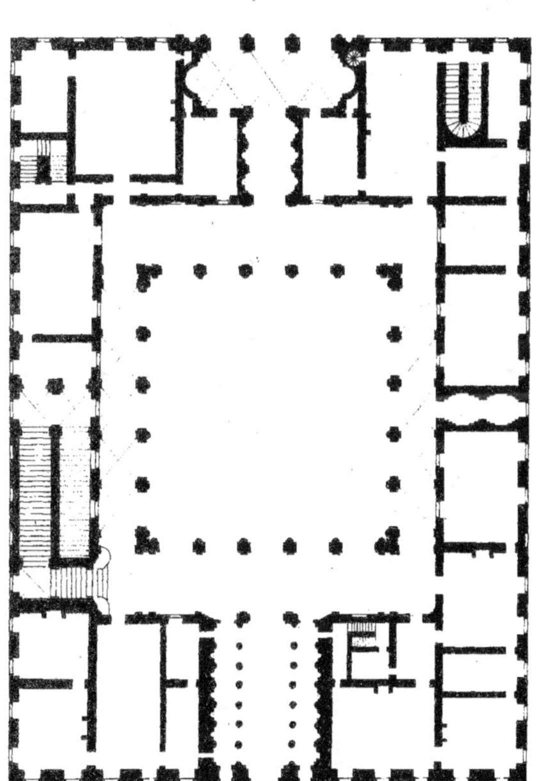

Plan du Palais Farnese.

Echelle du Plan.

6 12 18 24 30 36 Pieds

1 2 3 4 5 10 15 20 Mètres

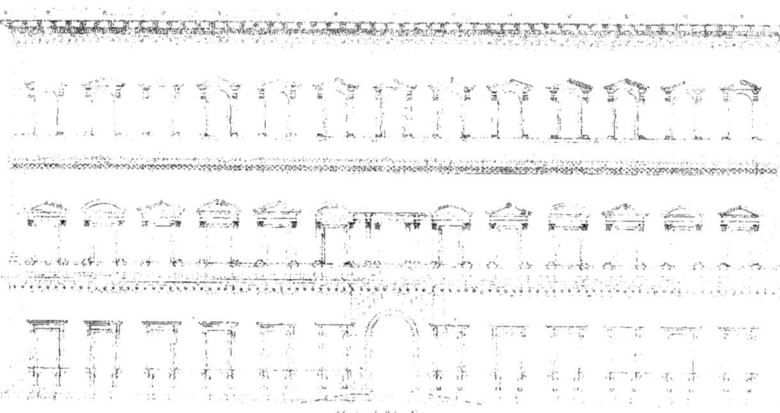

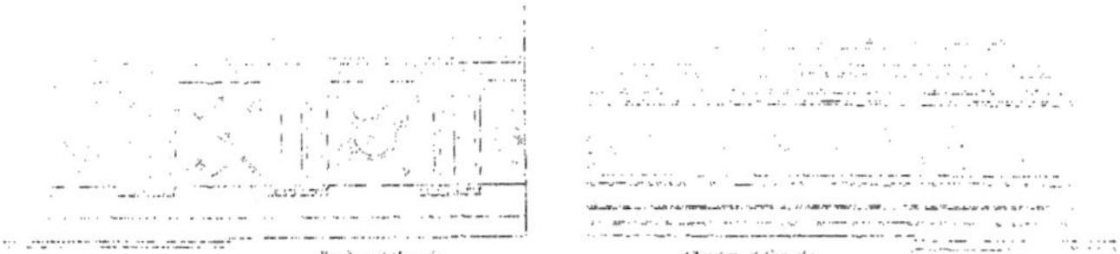

Chapiteau et Corniche
de l'Ordre du Rez de Chaussée.

Chapiteau et Corniche
de l'Ordre du premier Etage.

1 2 3 4 5 6 Pieds.

1 2 Mètres

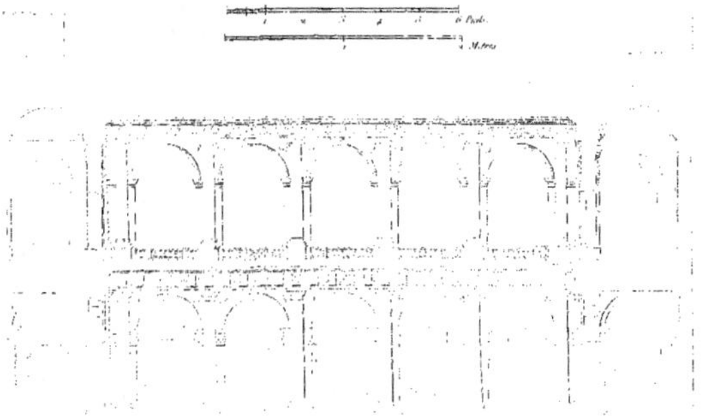

Coupe de la Cour du Palais Farnèse.

Echelle de l'Ordonnance

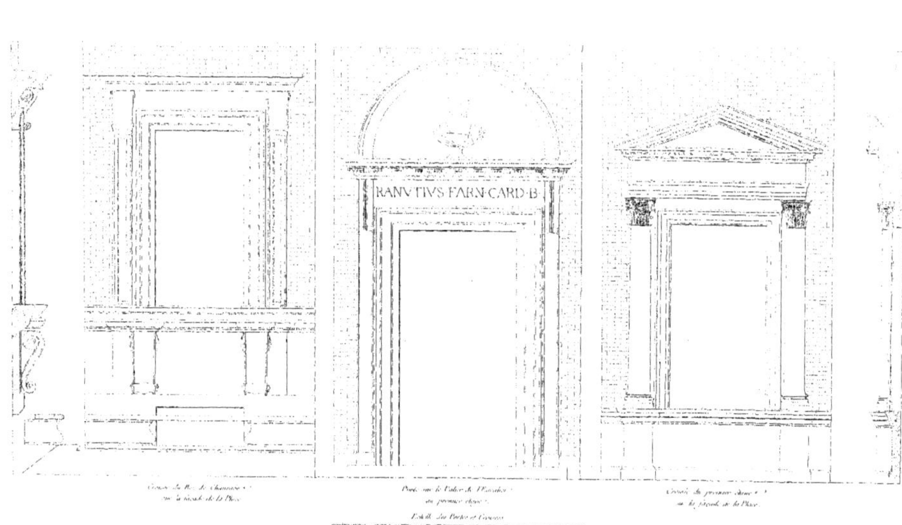

Croisée du Rez de Chaussée sur la façade de la Place

Porte sur le Palier de l'Escalier au premier étage

Croisée du premier étage sur la façade de la Place

Échelle des Portes et Croisées

12 Pieds

4 Mètres

Pl. 43.

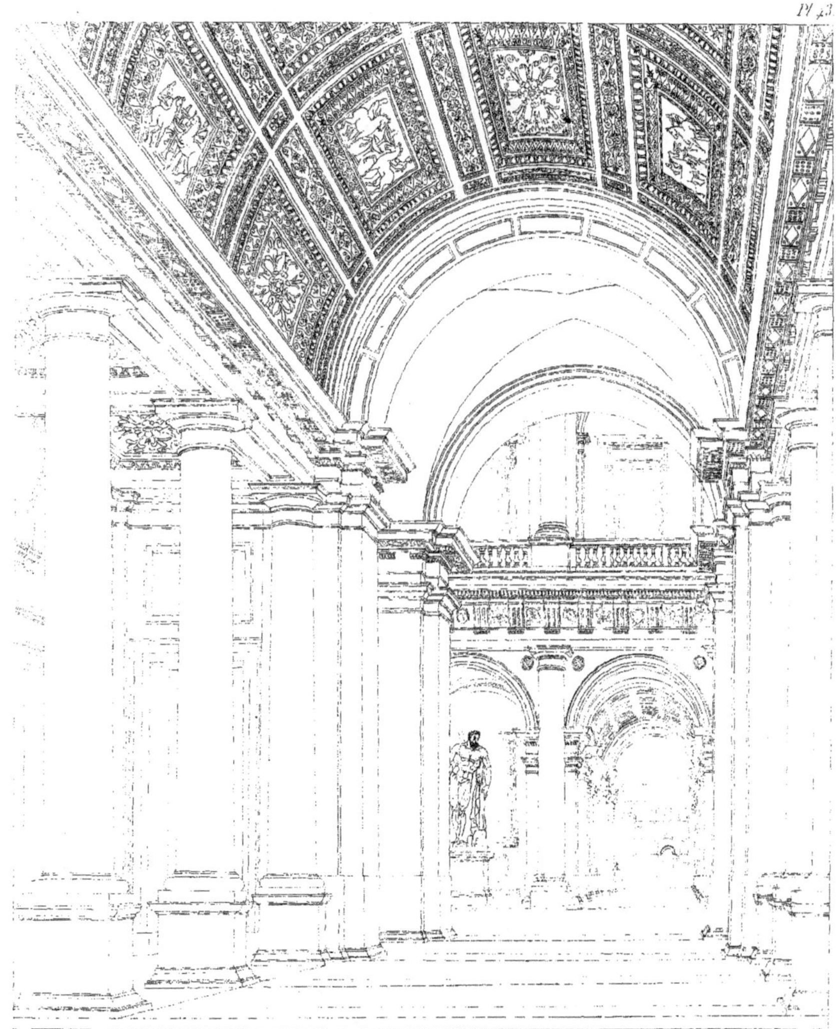

Vue du Vestibule d'entrée du Palais Farnese, du côté de la Place.

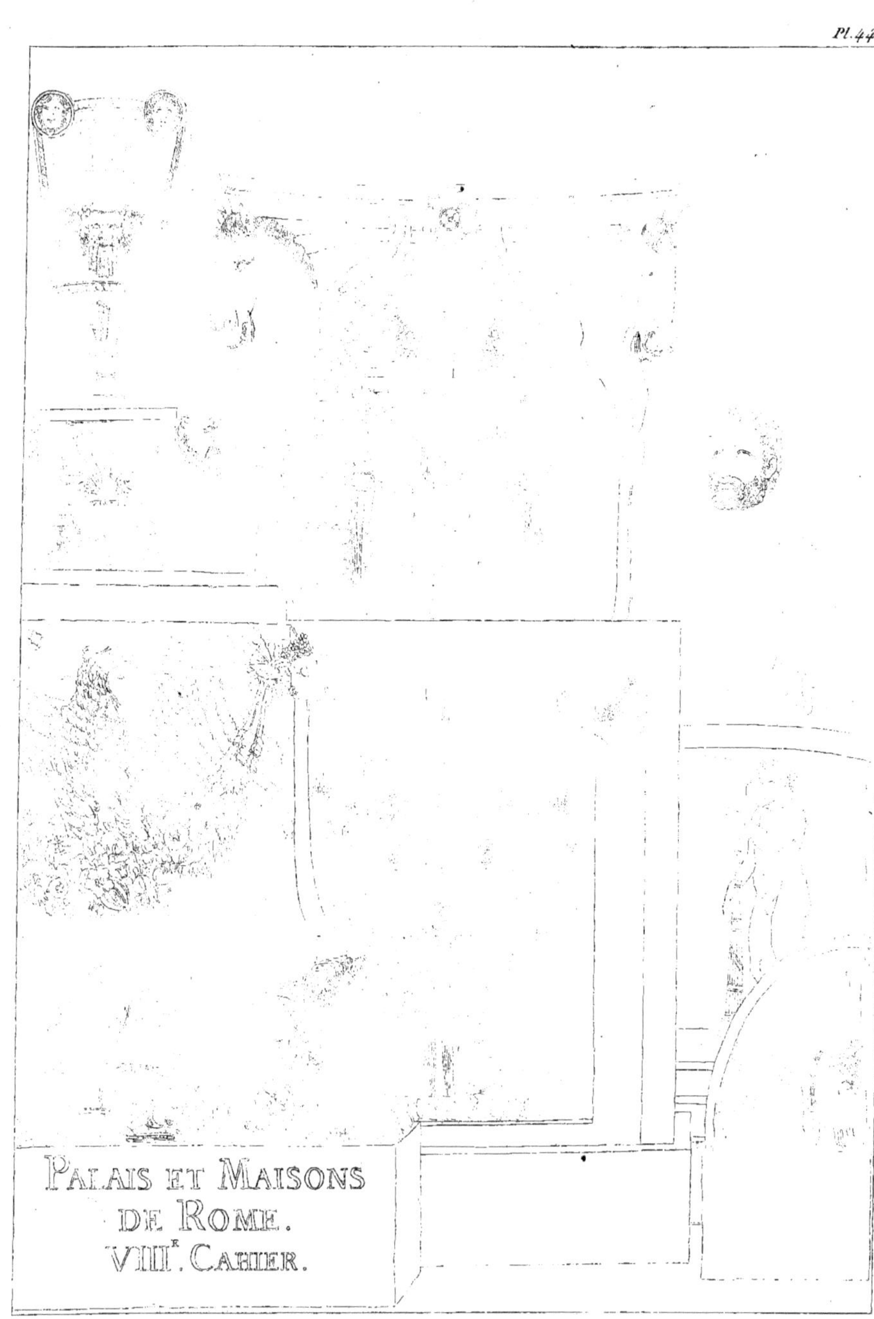
PALAIS ET MAISONS
DE ROME.
VIIIE. CAHIER.

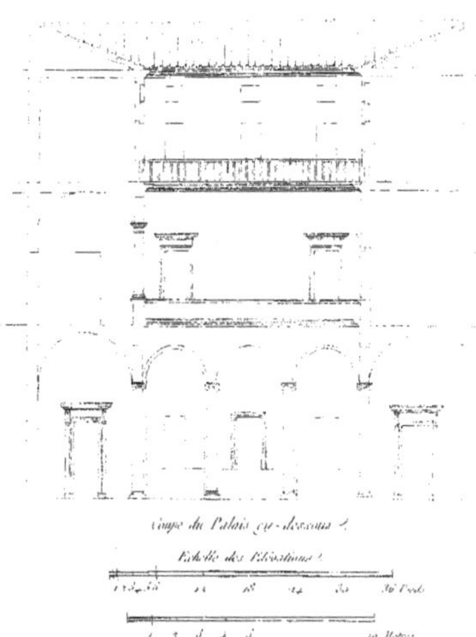

Coupe du Palais ci-dessous.

Échelle des Élévations.

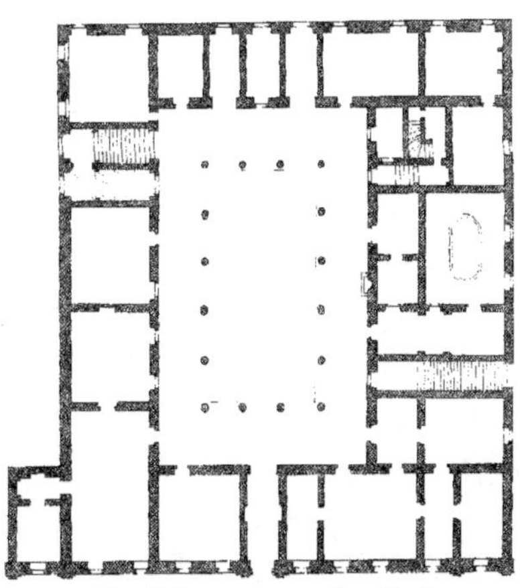

Plan du Palais Buoncompagni con Torre Placidini.

Échelle des Plans.

Pl. 46

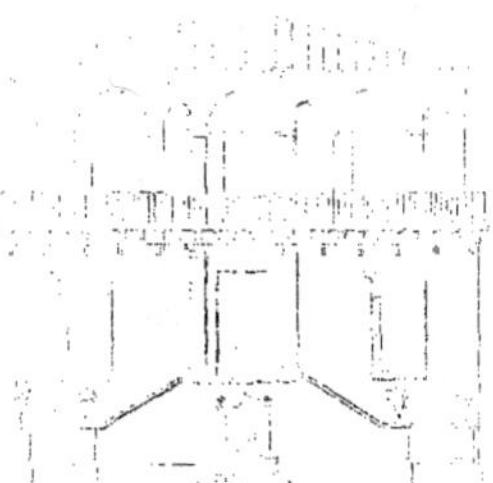

Élévation d'une Maison dans le Jardin Pini, auprès du Colisée.

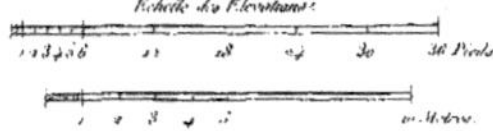

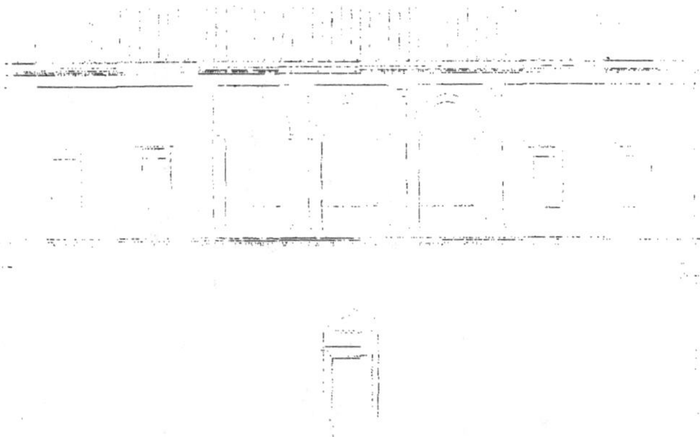

Élévation latérale de l'Hospice della Mercede Scalzi Spagnuoli.

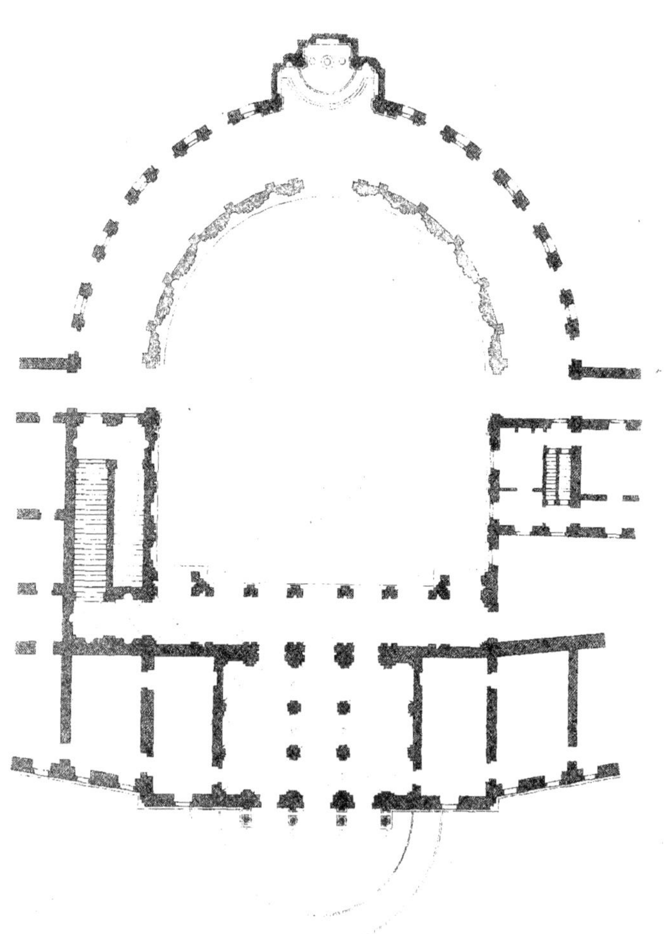

Plan de la Cour de la Curia Innocenziana
sur la Place de Monte Citorio.

Echelle des Plans

6 12 18 24 30 36 *Pieds*

10 *Mètres*

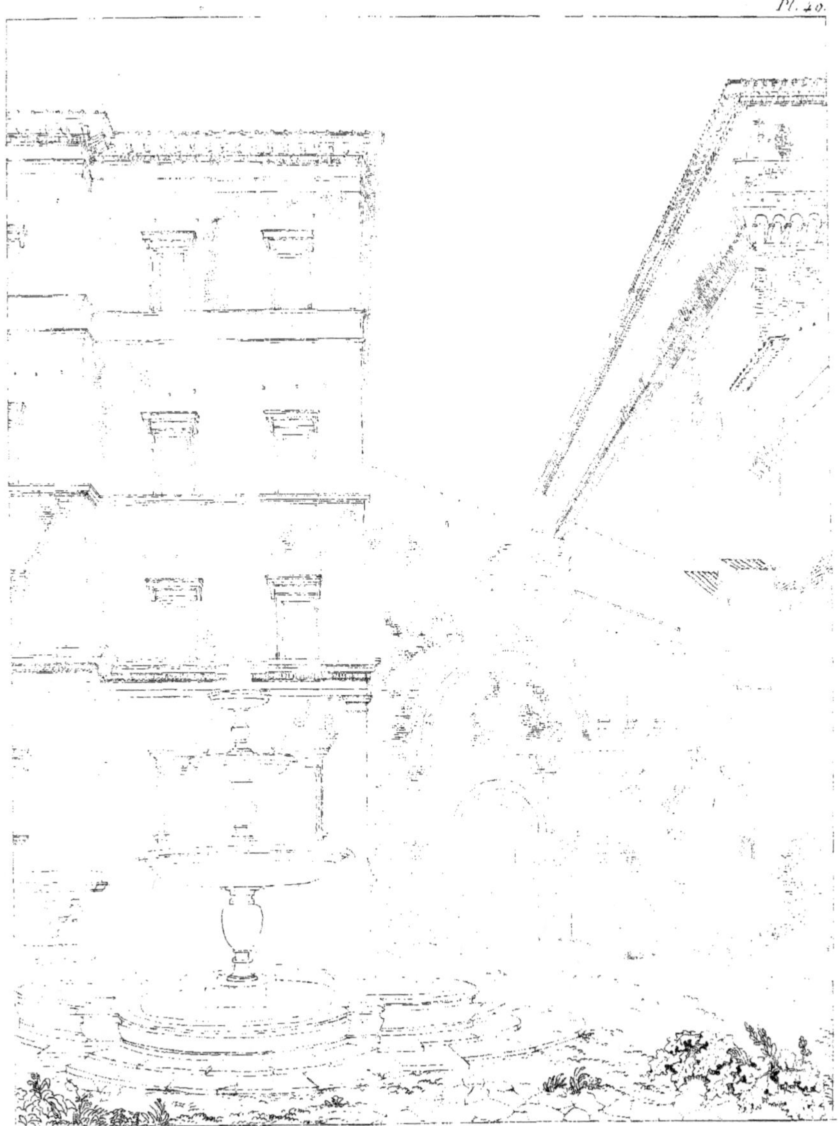

Vüe d'une Fontaine derrière le Palais (du Vatican)

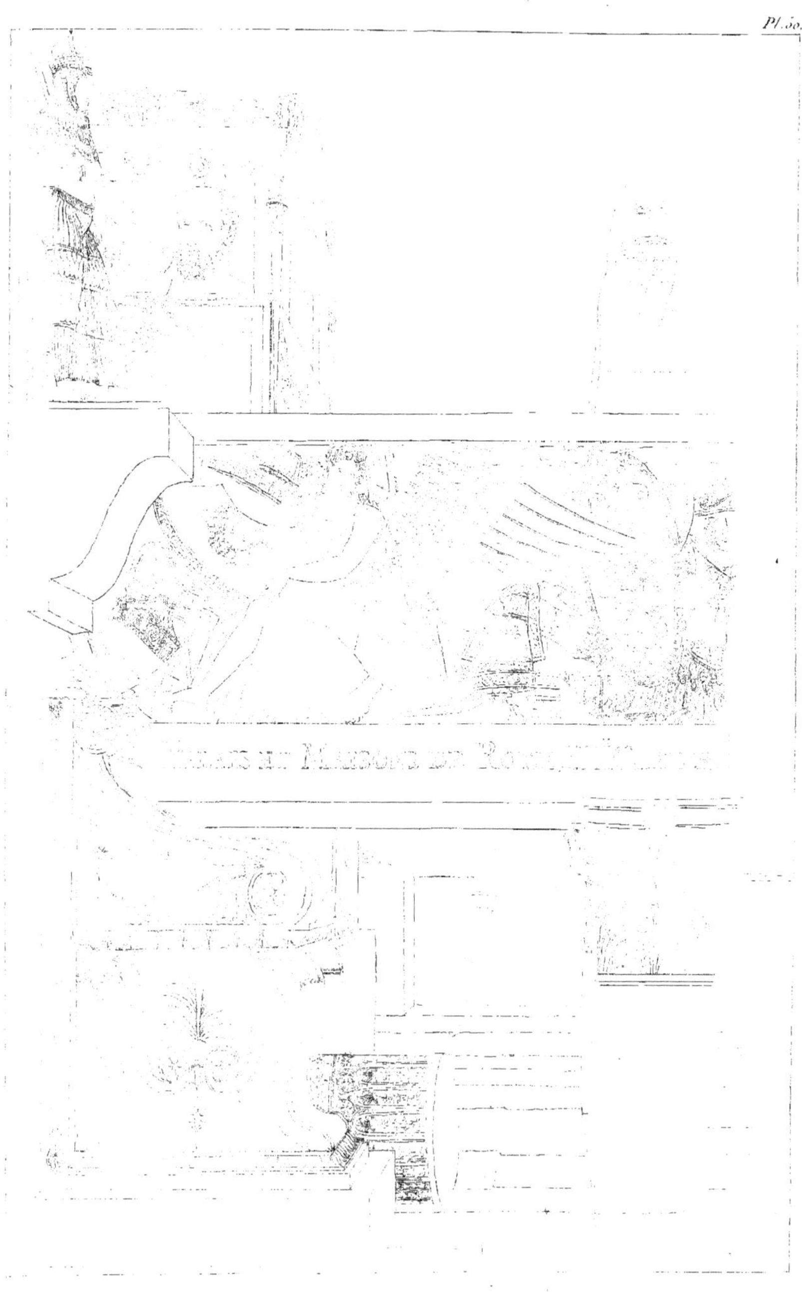

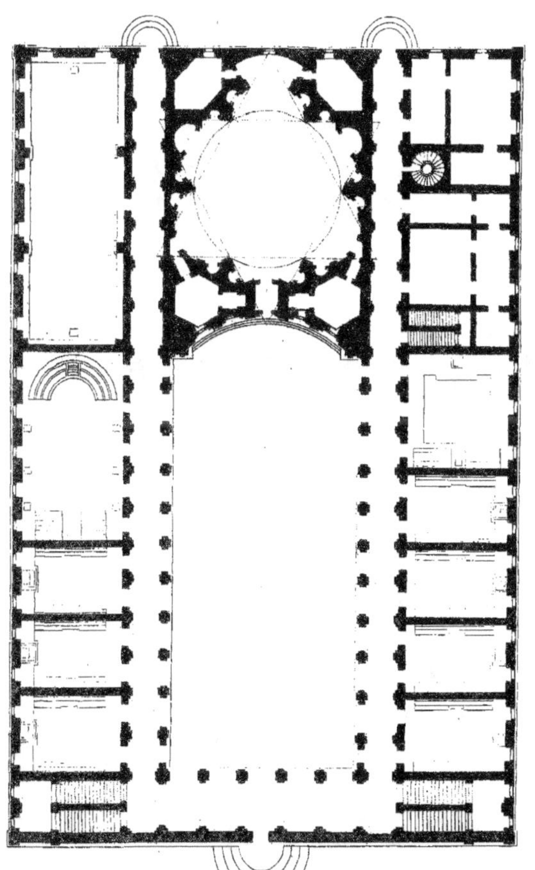

Plan du Collège della Sapienza.

Echelle des Plans.

6 12 18 24 30 36 Pieds.

1 2 3 4 5 10 15 20 Mètres.

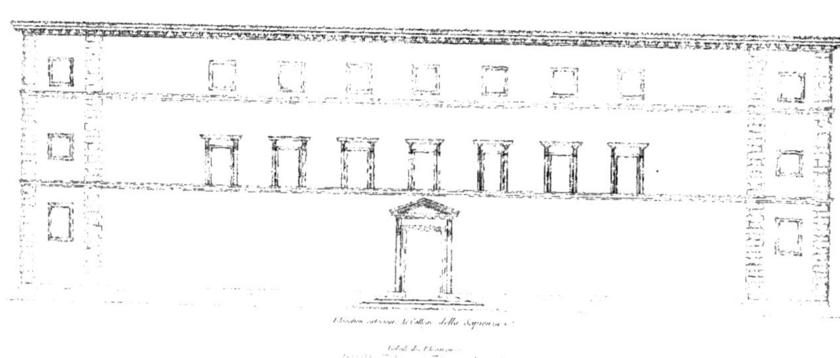

Elevazione esterna del Collegio della Sapienza

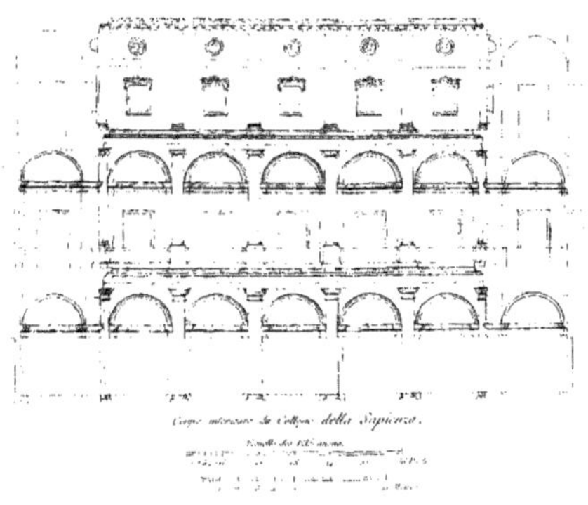

Corps intérieur du Collège della Sapienza.

Pl. [illegible]

Élévation du Palais de Venise Strada del Corso.

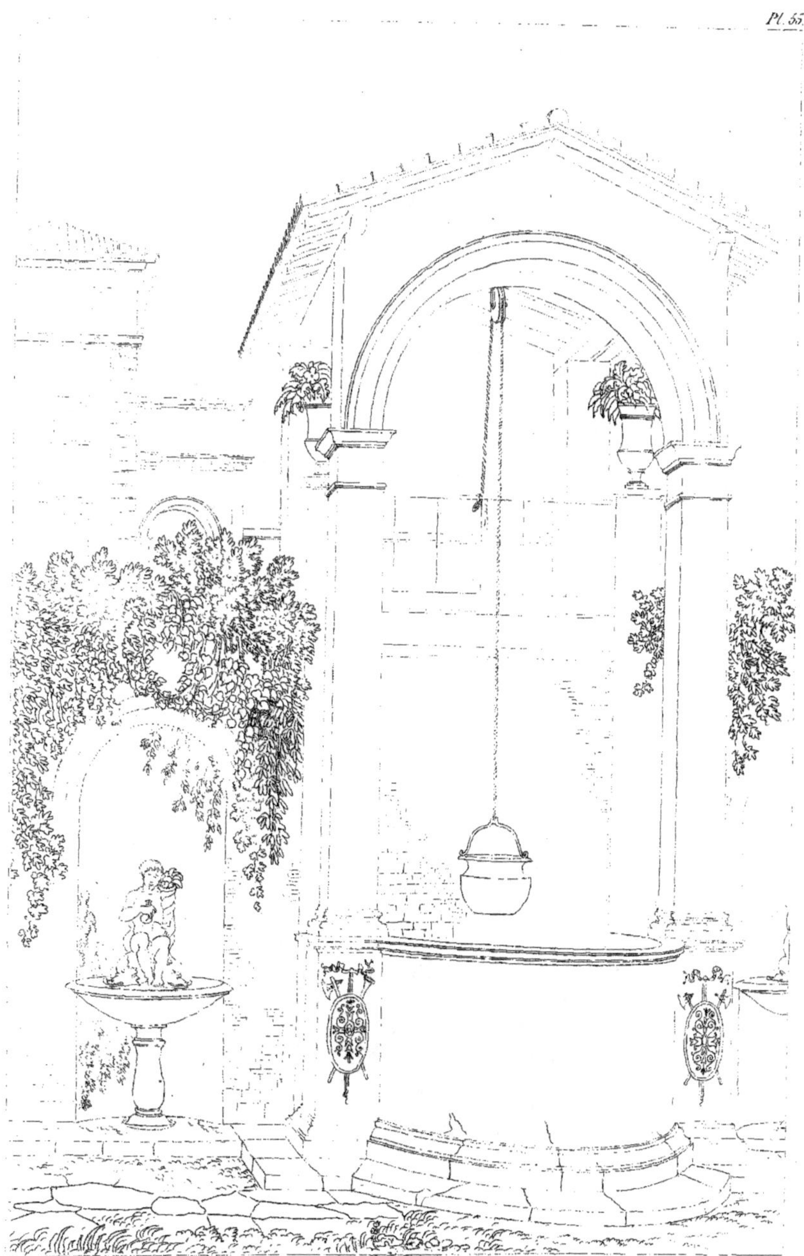

Ajustement d'un Puit dans le Couvent de' Gesuiti Penitenzieri di S. Pietro nel Borgo.

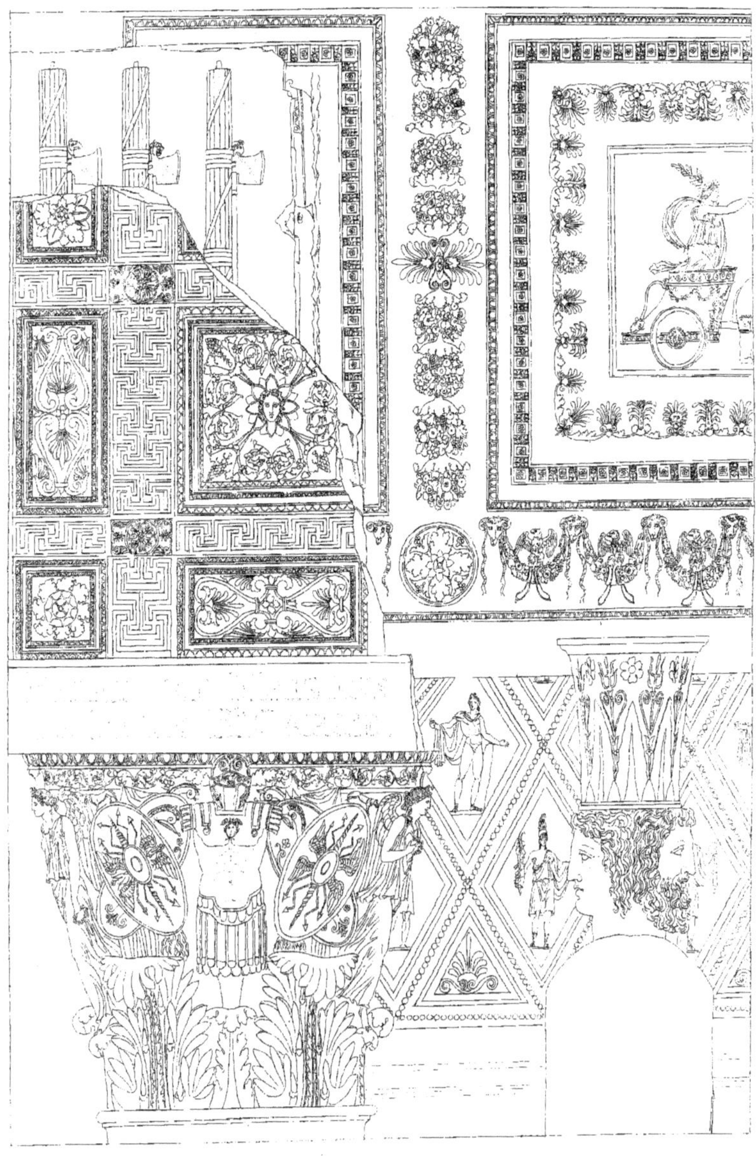

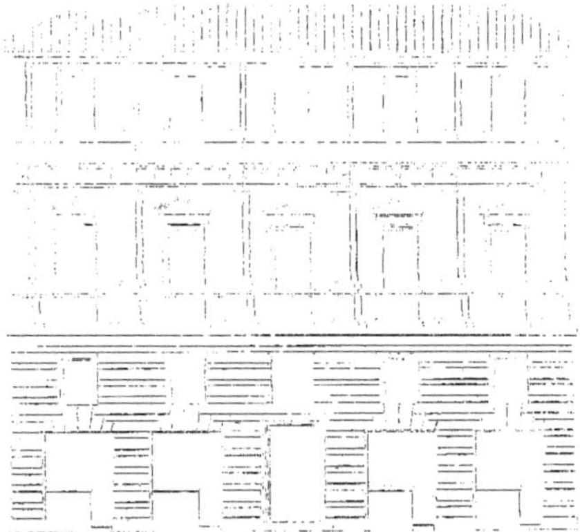

Élévation d'une Maison Strada del Borgo Novo.

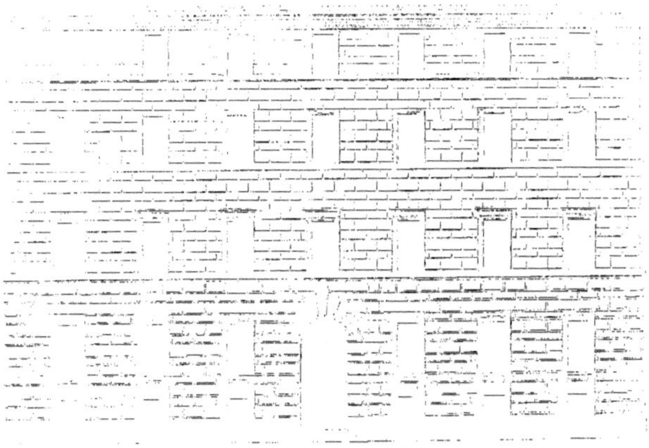

Échelle des Élévations.

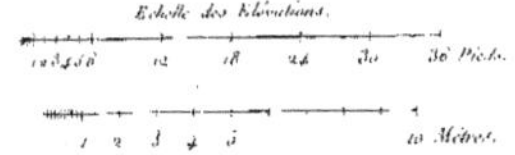

Élévation du Palais Orsini Piazza Navona.

Croisée du Palais della Valle. *Porte du Palais della Valle.*

Croisée d'une petite Maison Strada Giulia. *Porte de la même Maison Strada Giulia.*

Echelle des Portes et Croisées.

1 2 3 4 5 6 12 Pieds.

1 2 3 4 Mètres.

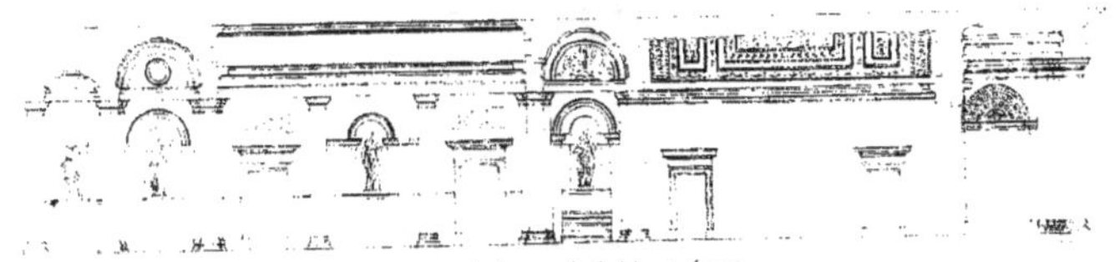

Coupe sur la longueur du Palais cy-dessous.

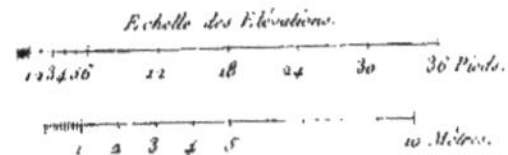

Echelle des Plans.

6 12 18 24 30 36 Pieds.

1 2 3 4 6 10 15 20 Mètres.

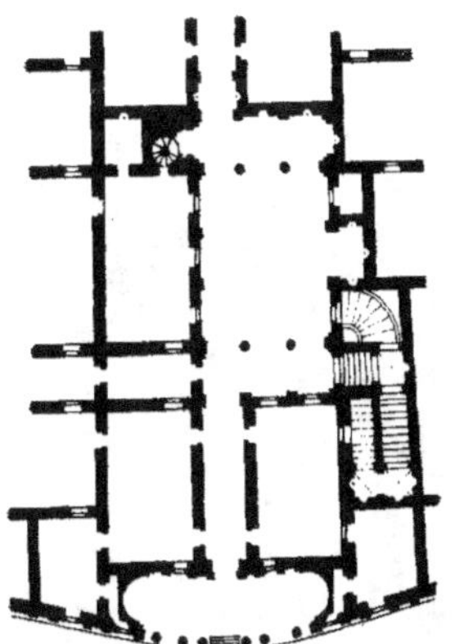

Plan du Palais Massimi Strada della Valle.

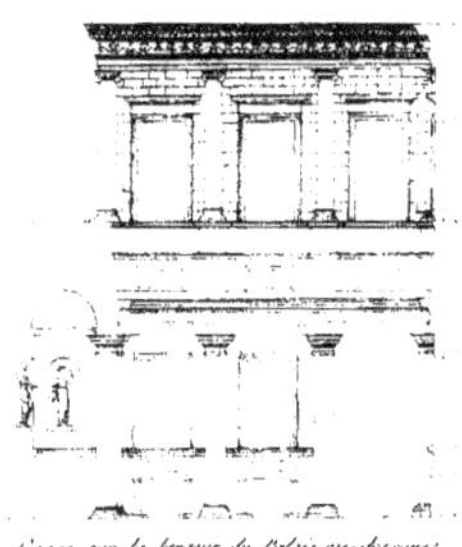

Coupe sur la largeur du Palais ci-dessous.

Echelle des Elevations.

1 2 3 4 5 6 12 18 24 30 36 Pieds.

1 2 3 4 5 10 Mètres.

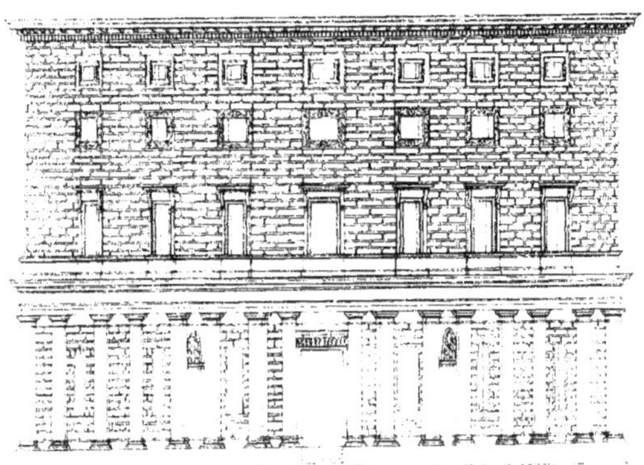

Elevation du Palais Massimi.

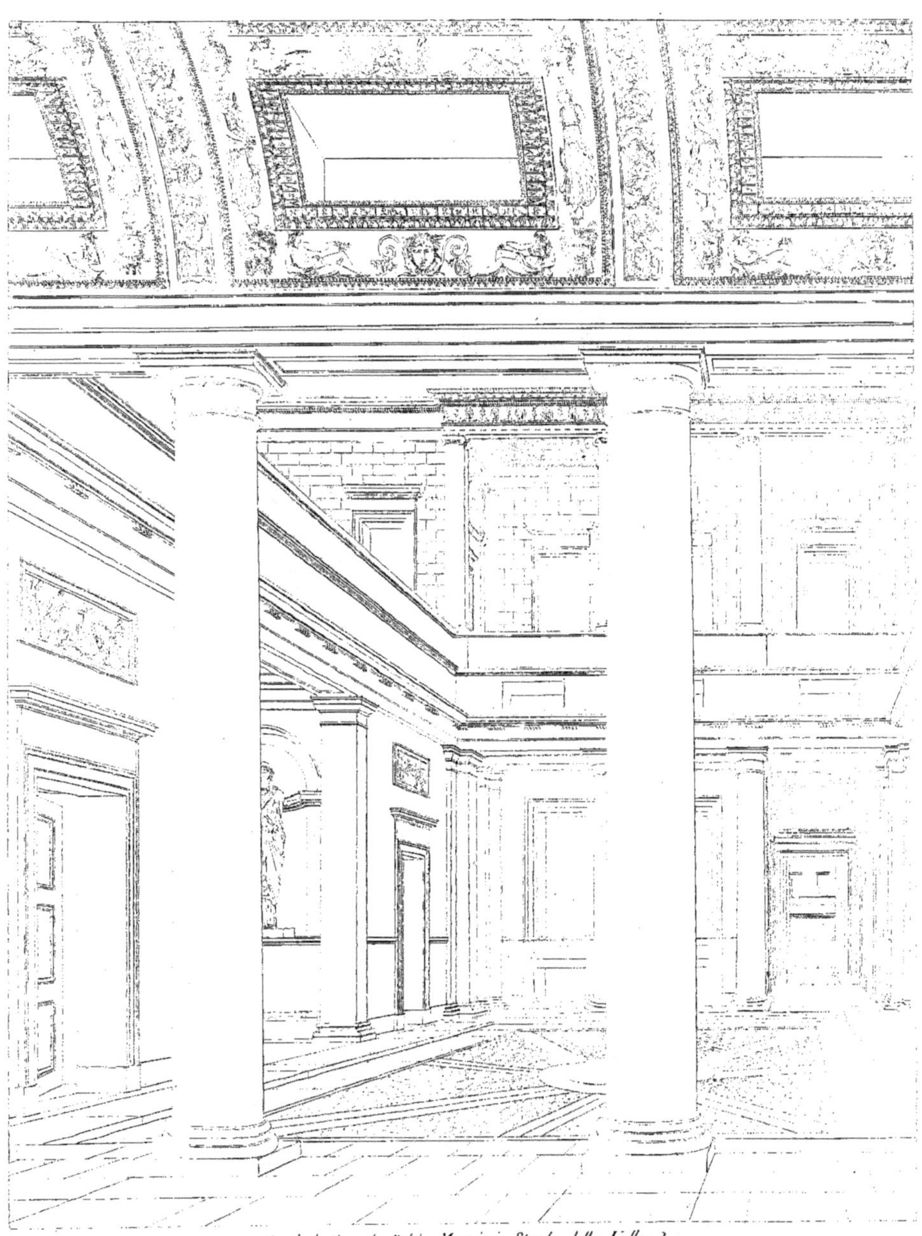

Vue de la Cour du Palais Massimi Strada della Valle. 2.

Pl 62

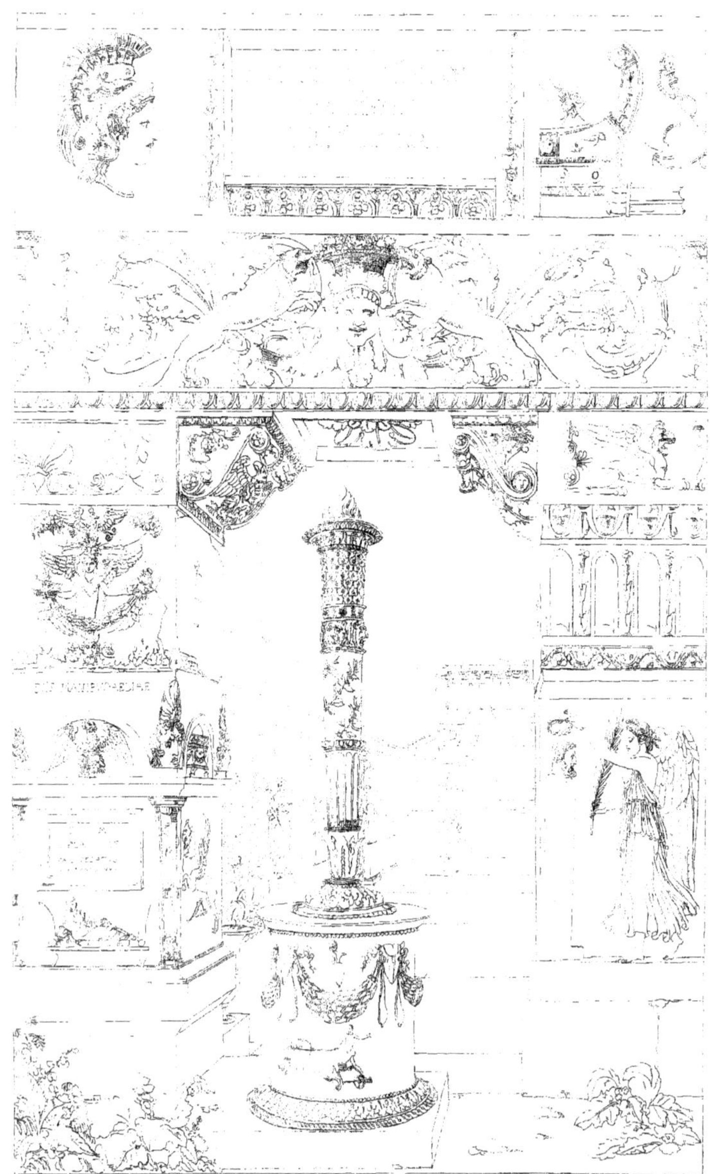

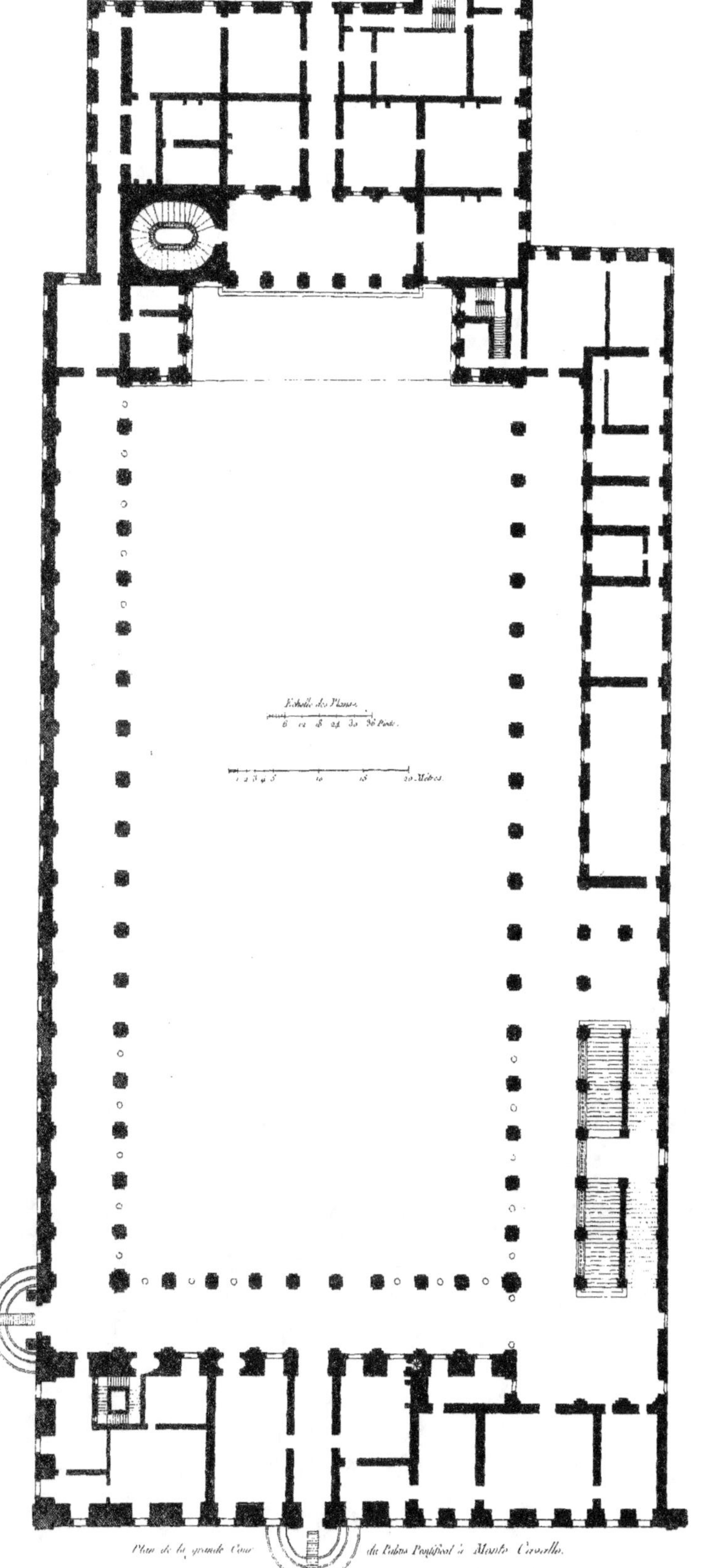

Plan de la grande Cour du Palais Pontifical à Monte Cavallo.

Extérieur du Palais Pontifical du côté de la Strada Pia.

Échelle des Élévations.

30 Pieds.

10 Mètres.

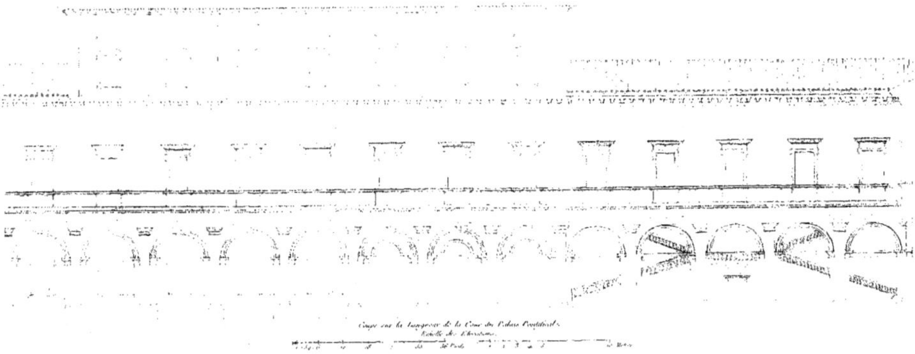

Coupe sur la longueur de la Cour du Palais Pontifical.

Echelle des Elévations.

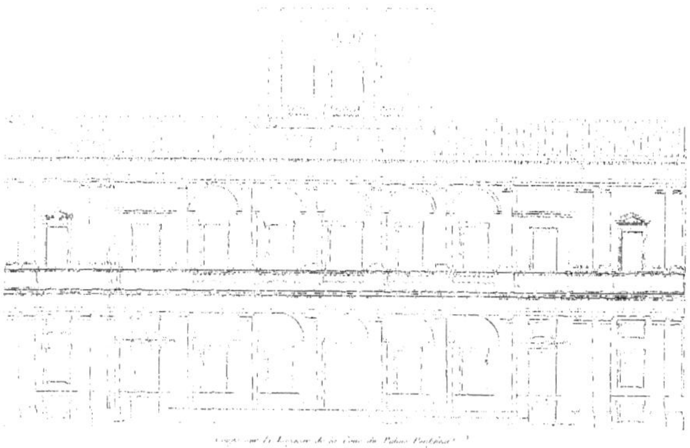

Coupe sur la Largeur de la Cour du Palais Pontifical

Échelle des Élévations

Pieds

Mètres

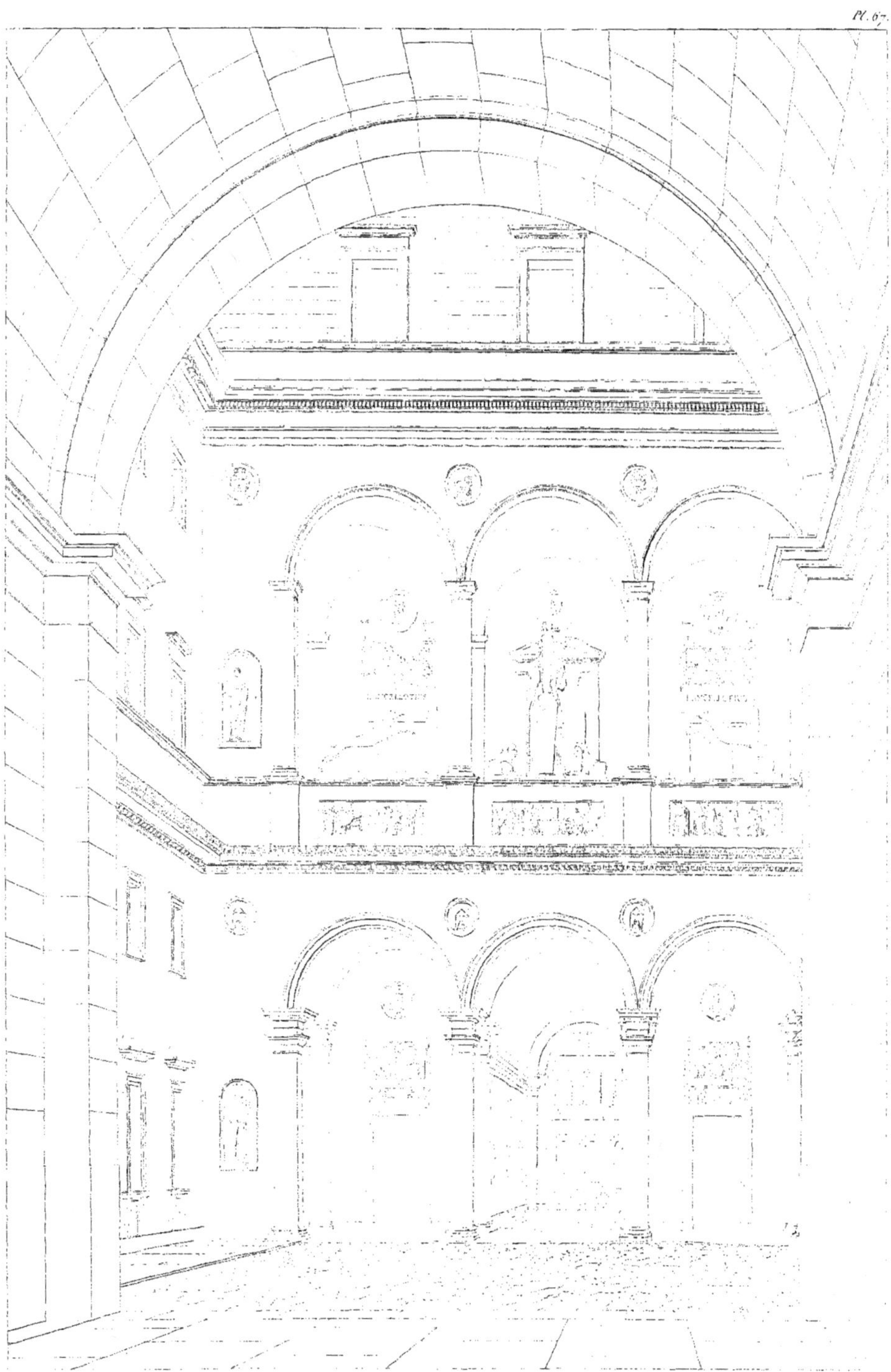

Intérieur de la Cour du Palais Lancellotti près la Strada de' Coronari

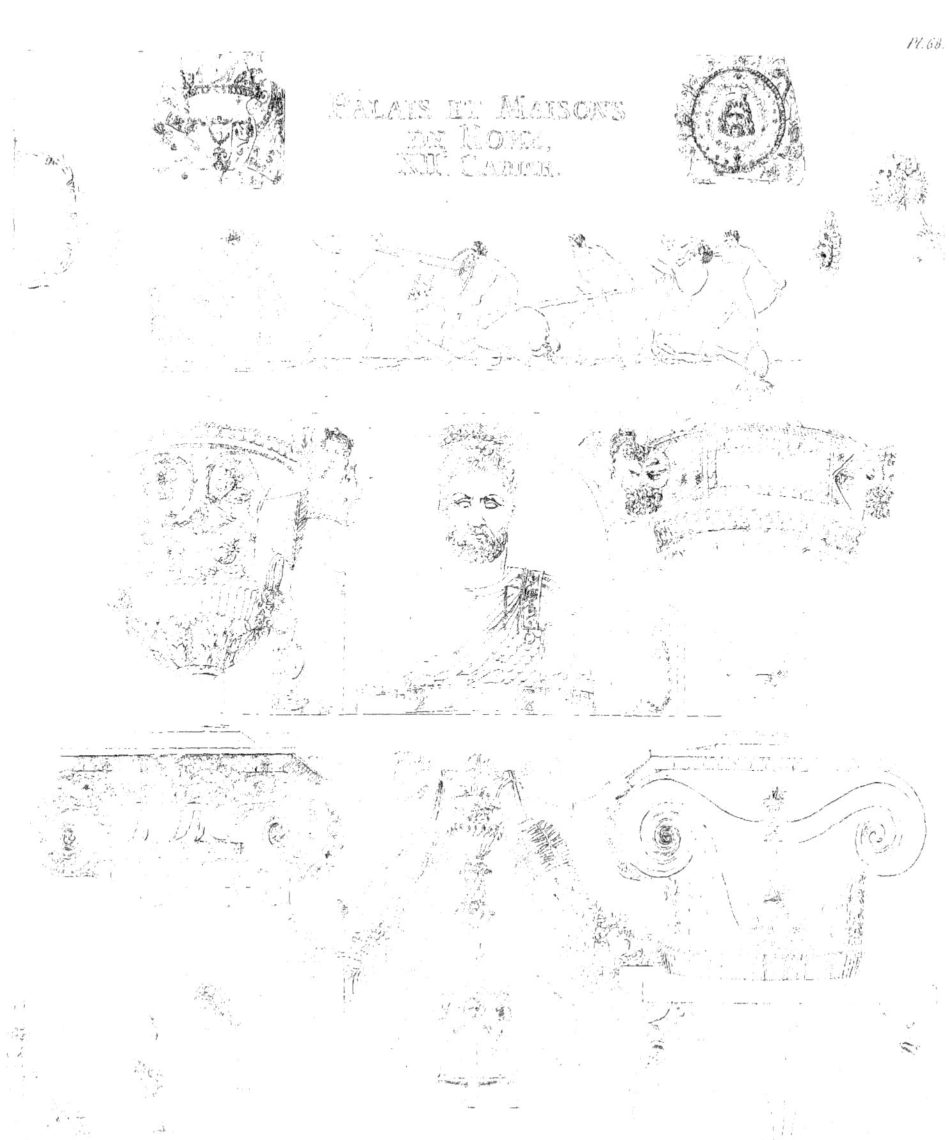
PALAIS ET MAISONS
DE ROME,
XIIe CAHIER.

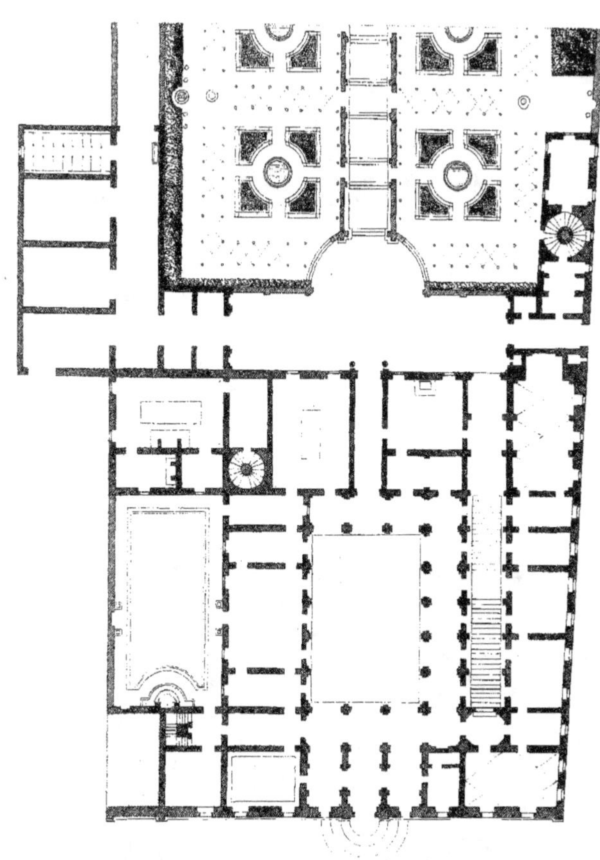

Plan du Palais Spada.

Echelle des Plans.

6 12 18 24 30 36 Pieds.

1 2 3 4 5 10 15 20 Mètres

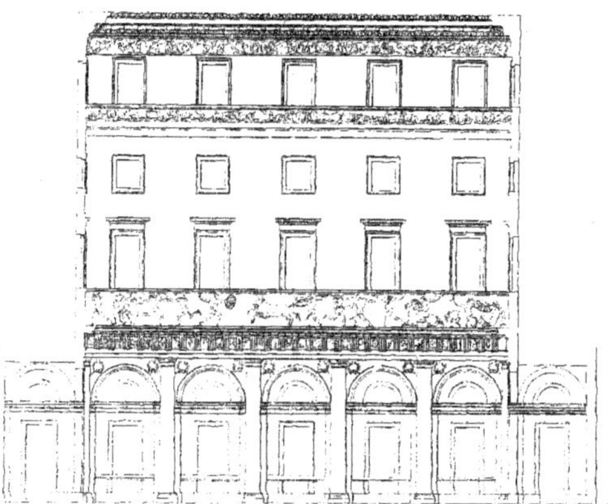

Coupe du Palais Spada 1.

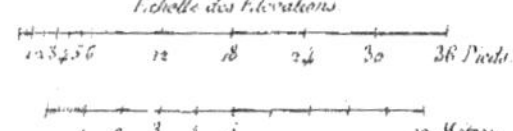

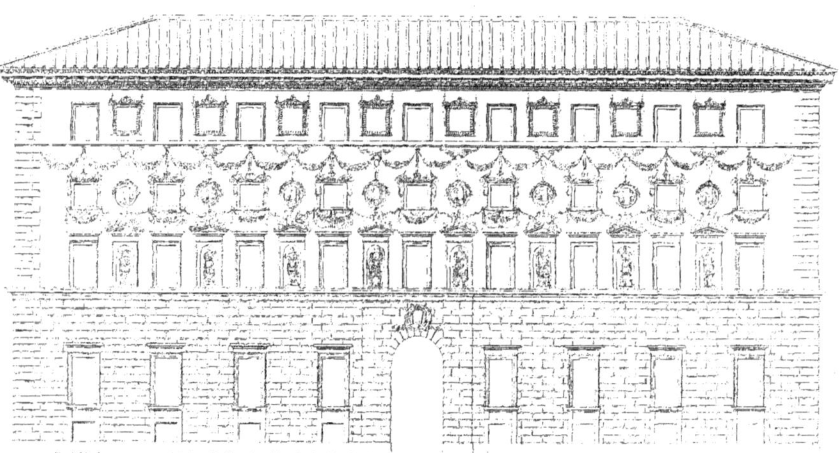

Elévation du Palais Spada 2.

Porte d'un Palais près l'Eglise del Gesù.

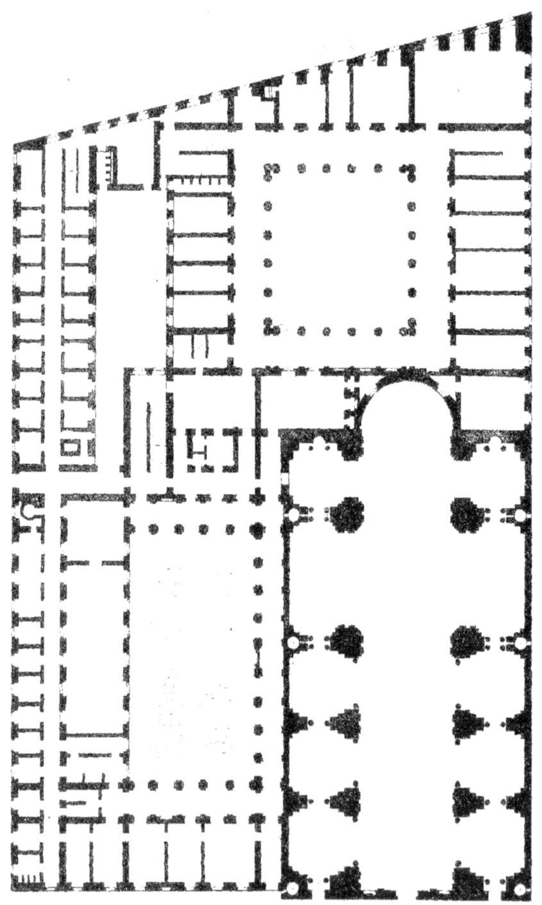

Plan du Collège Romain,
et de l'Église S.t Ignace.

Échelle des Plans.

6 12 18 24 30 36 Pieds.

1 2 3 4 5 10 15 20 Mètres.

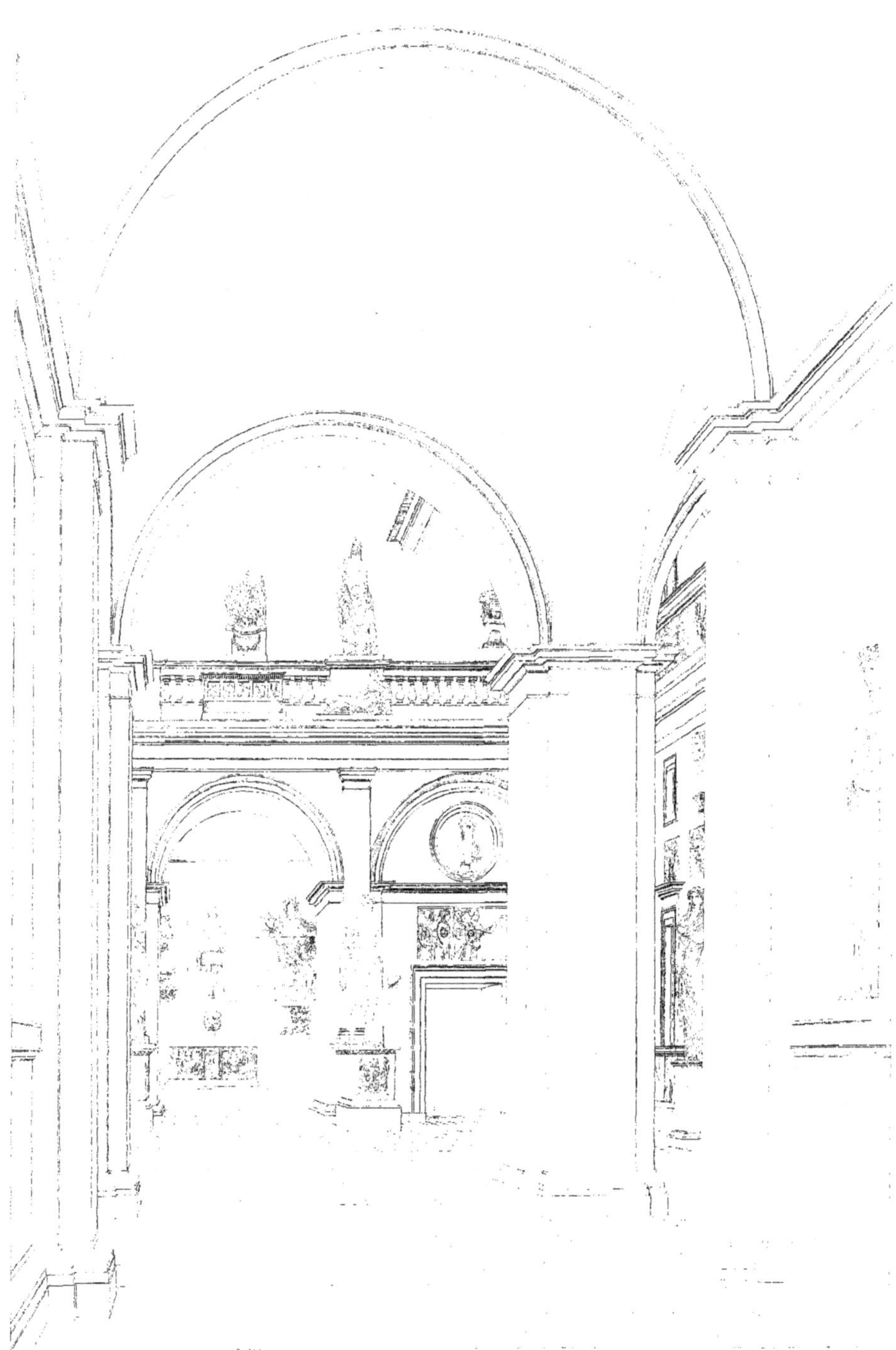

Vue de la Cour du Palais Mallet.

Pl. 4

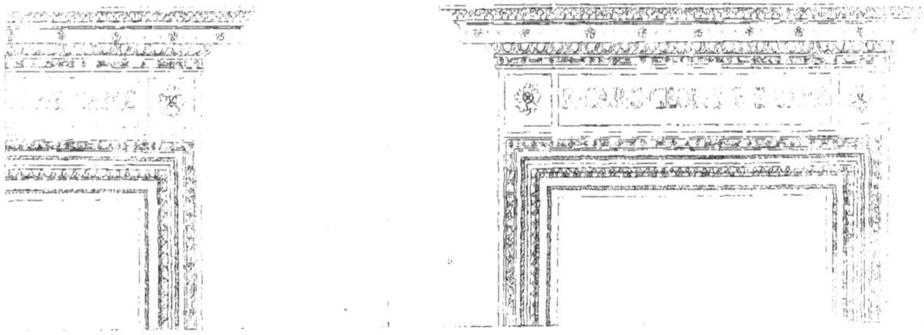

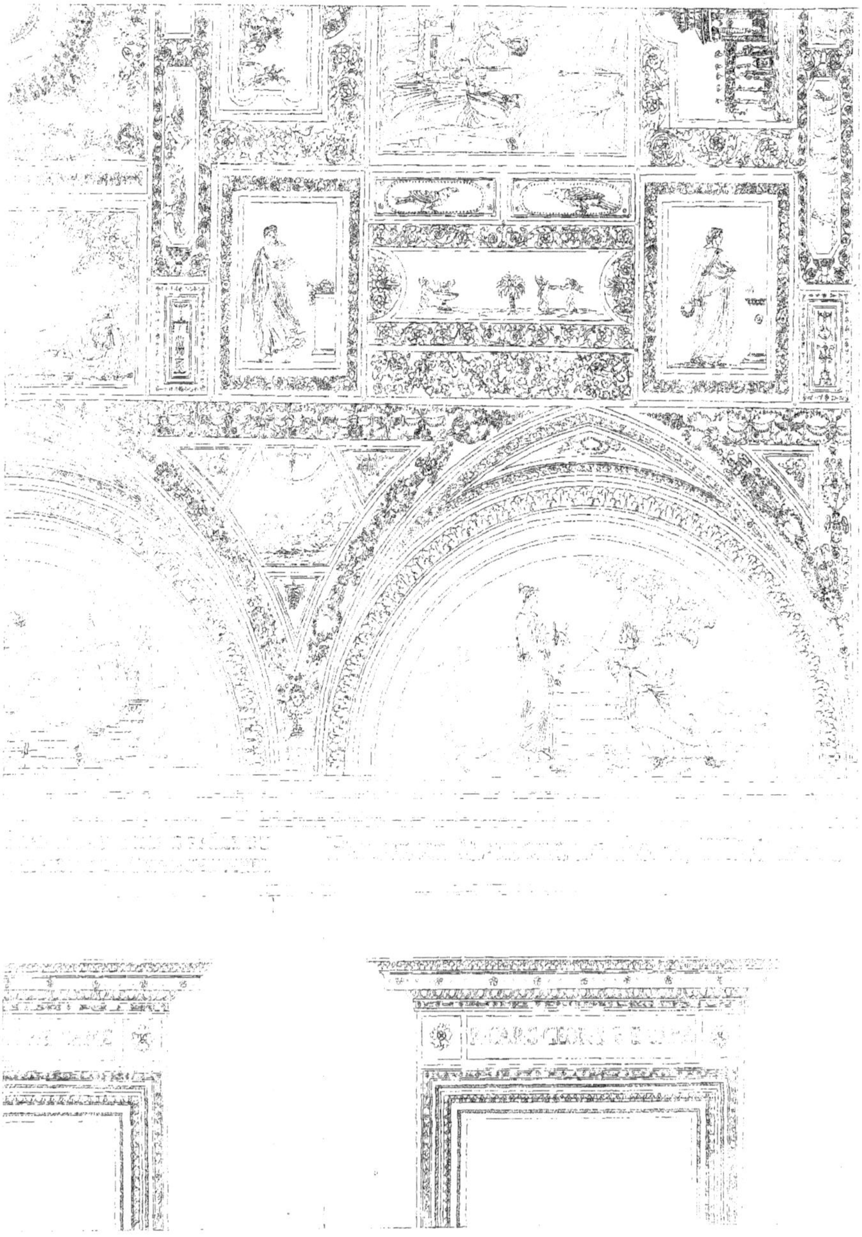

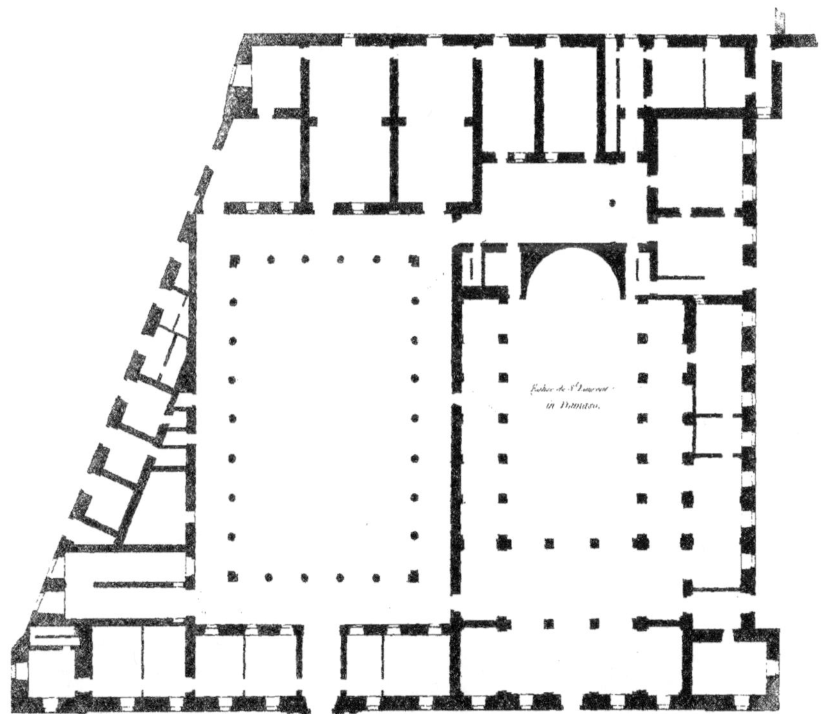

Plan du Palais de la Chancellerie.

Élévation du Palais de la Chancellerie

Échelle des Élévations

Coupe du Palais de la Chancellerie

Echelle des Elévations.

Echelle de 6 Pieds.
1 2 3 4 5 6 Pieds.
1 Metre.

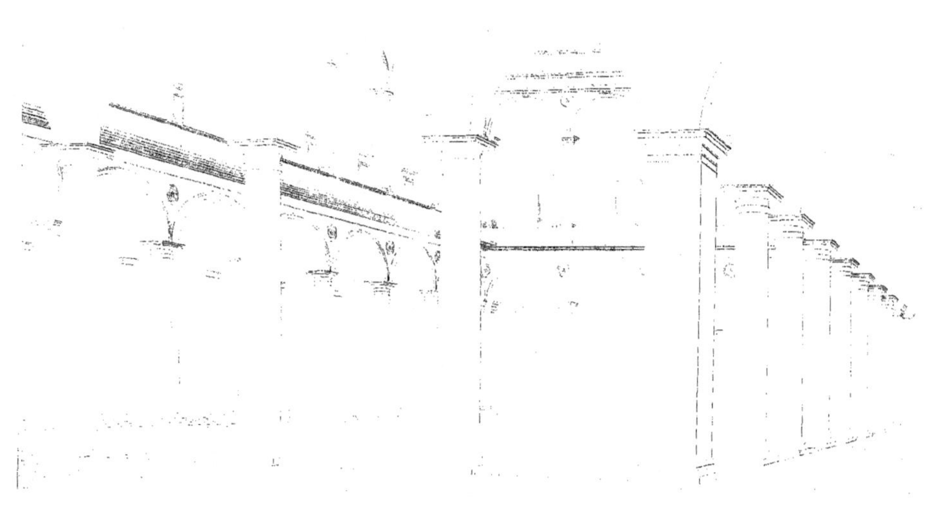

Vue de la Cour du Palais de la Chancellerie 4.

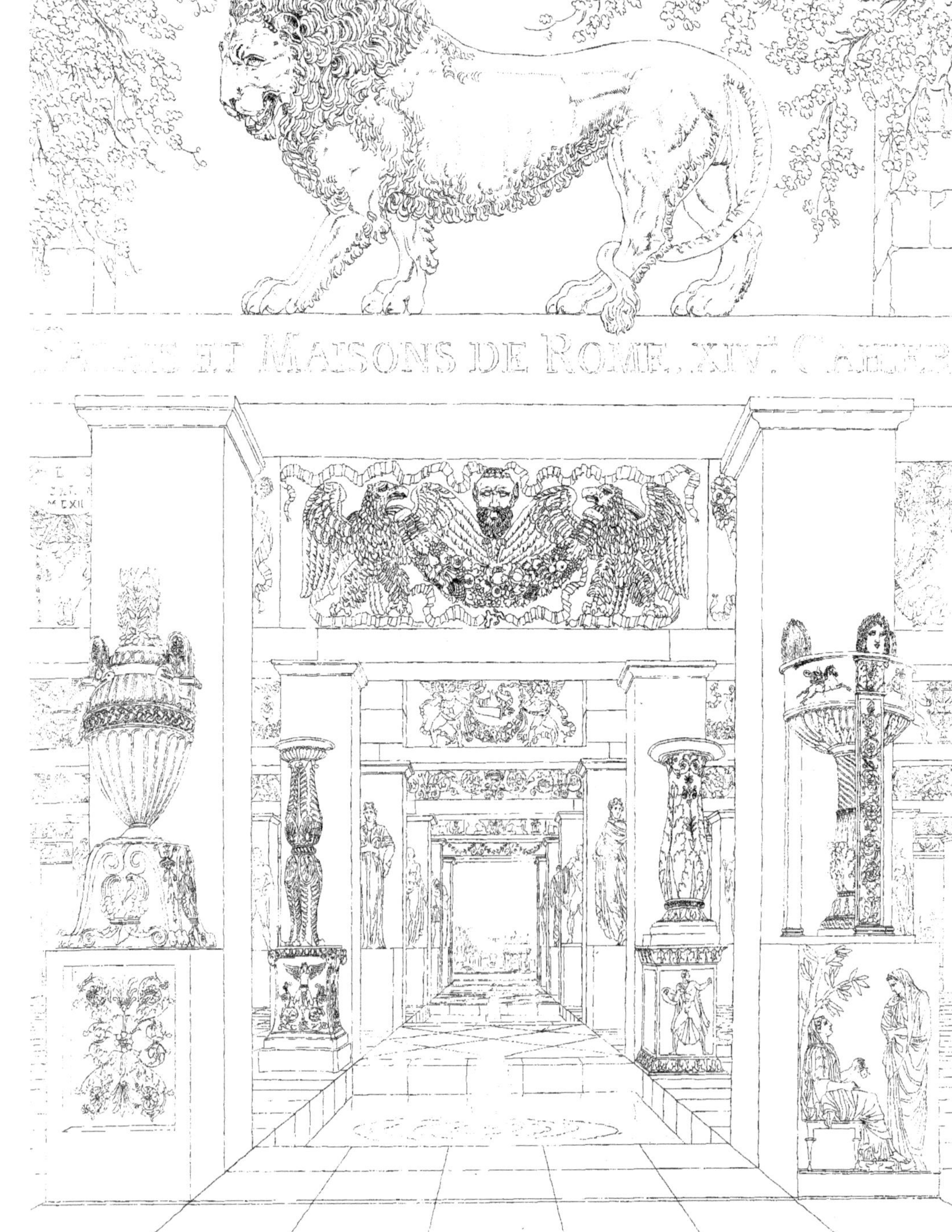
ET MAISONS DE ROME. XIV.

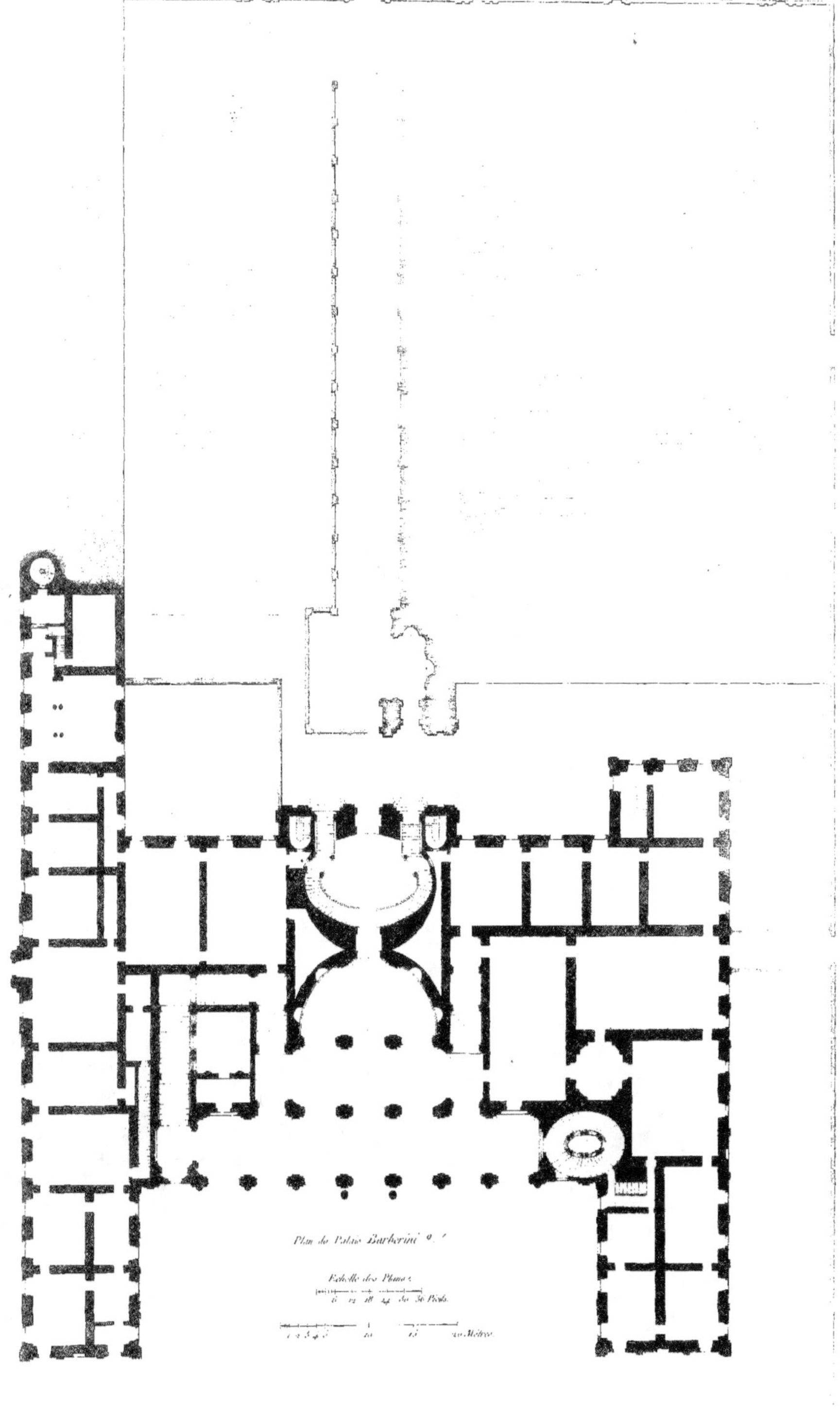

Plan du Palais Barberini

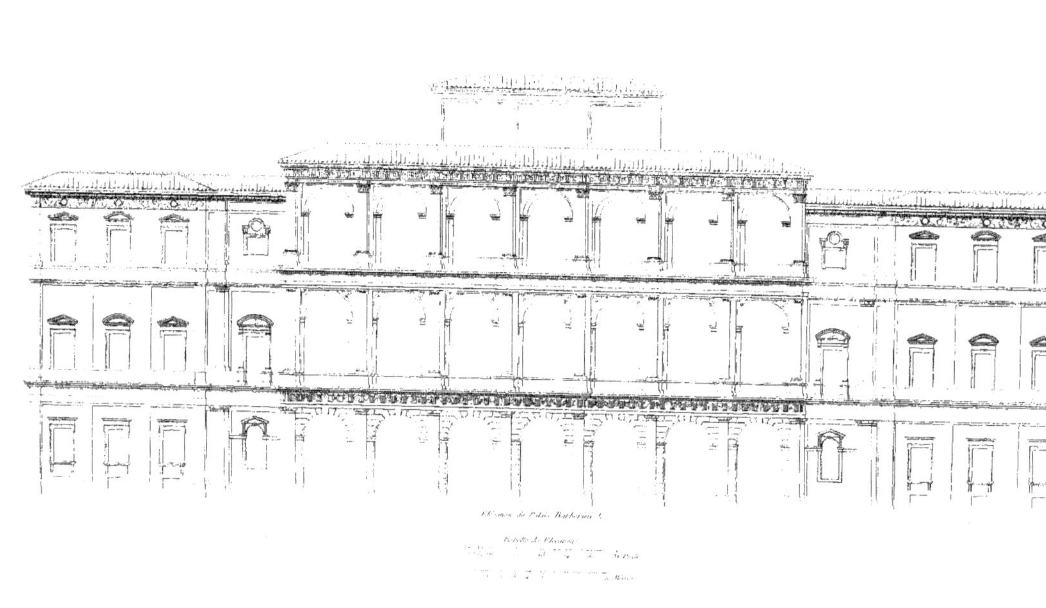

Élévation du Palais Barberini.

Échelle de l'Élévation.

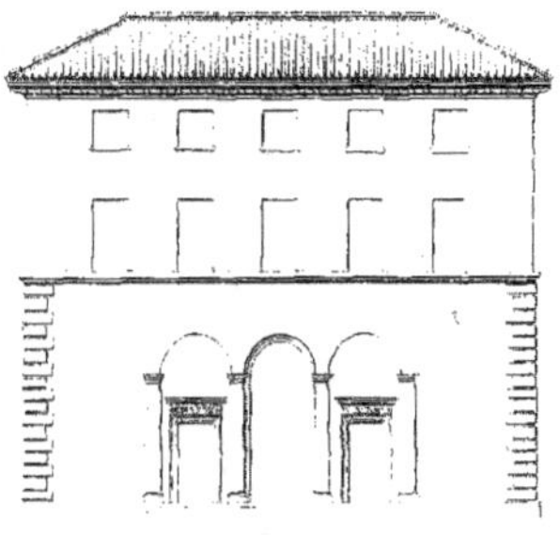

Élévation de la Maison cy-dessus côté du Jardin.

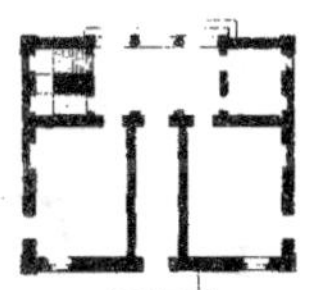

Plan d'une petite Maison dans le Faubourg du Peuple.

Echelle des Plans:

6 12 18 24 30 36 Pieds.

1 2 3 4 5 10 15 20 Mètres.

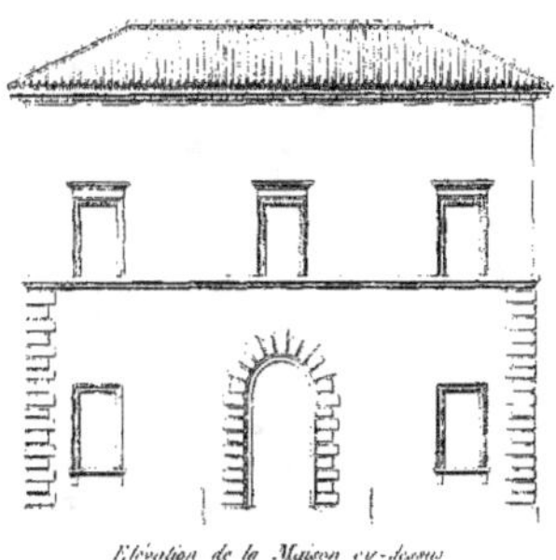

Élévation de la Maison cy-dessus côté de la Rue.

Echelle des Élévations.

1 2 3 4 5 6 12 18 24 30 36 Pieds.

1 2 3 4 5 10 Mètres.

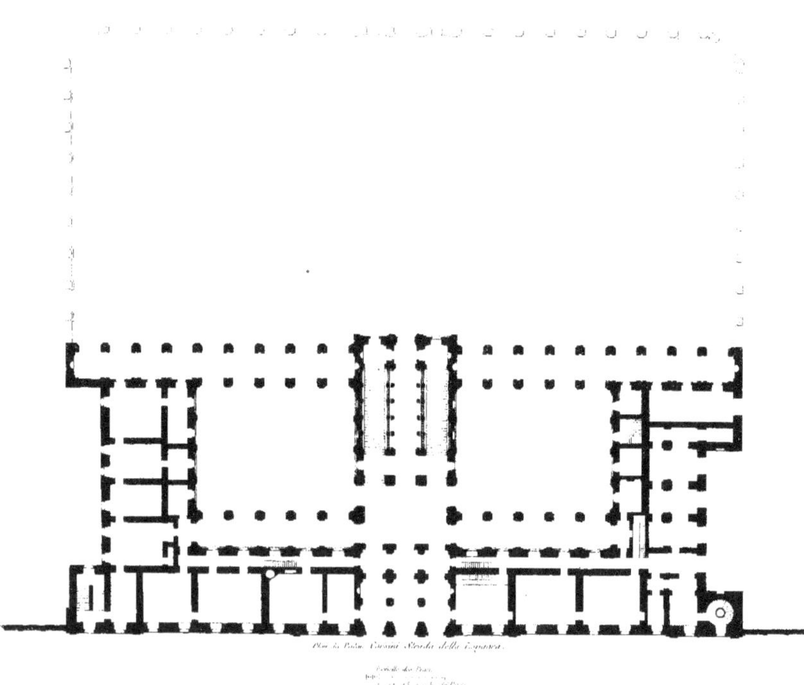

Plan du Palais Corsini Strada della Lungara.

Vue du grand Escalier du Palais Corsini

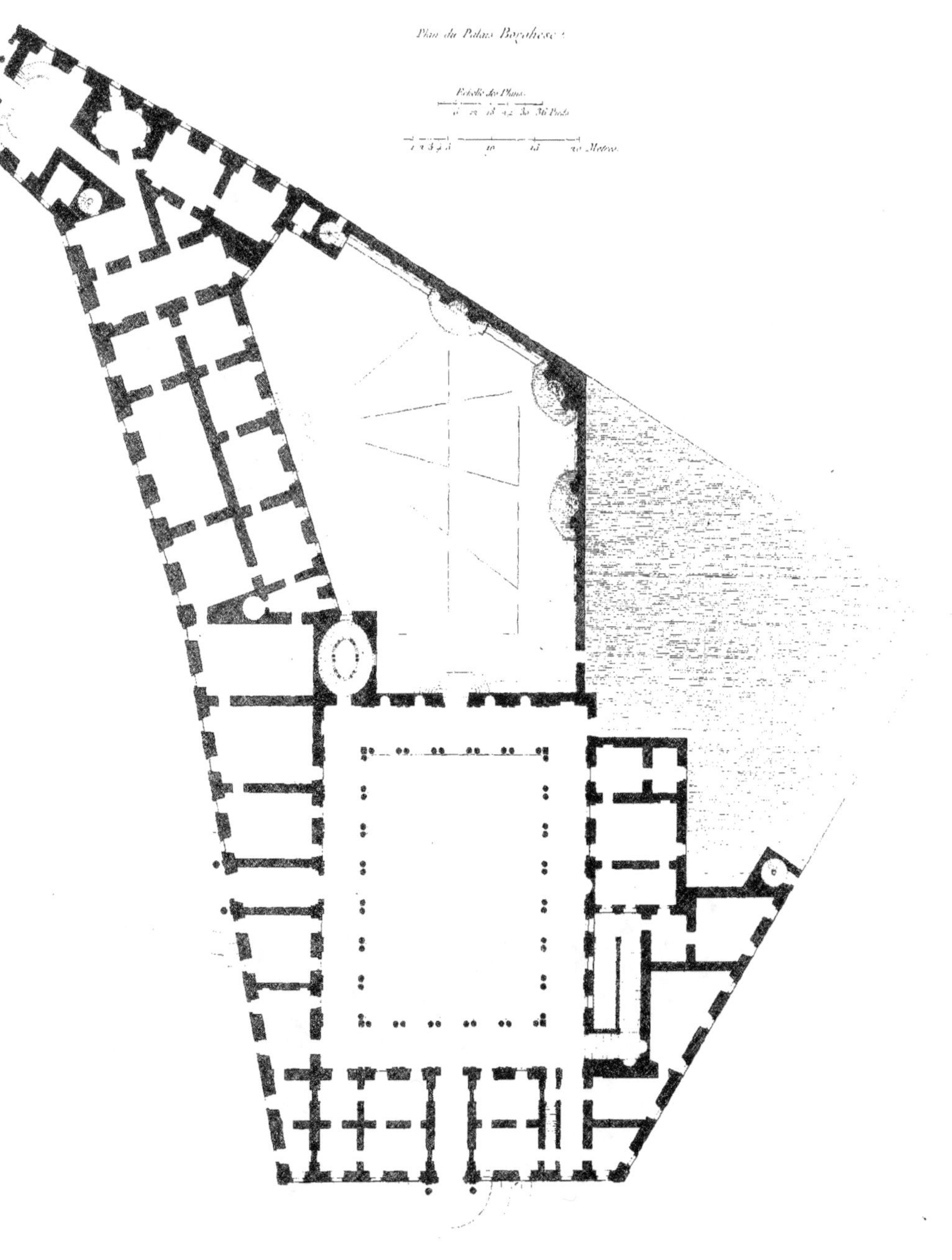
Plan du Palais Borghese.
Échelle des Plans.
6 12 18 24 30 36 Pieds
1 2 3 4 5 10 15 20 Mètres.

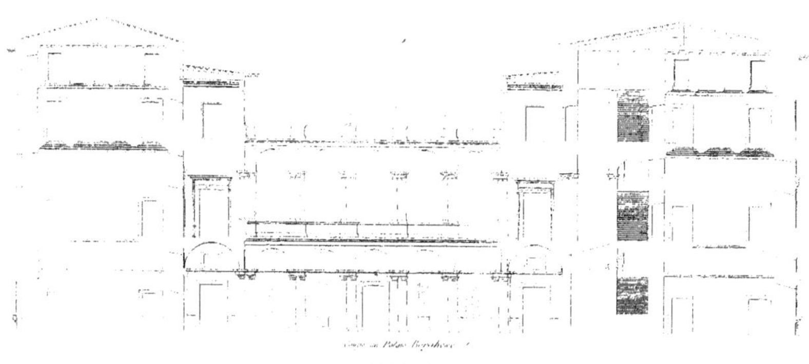

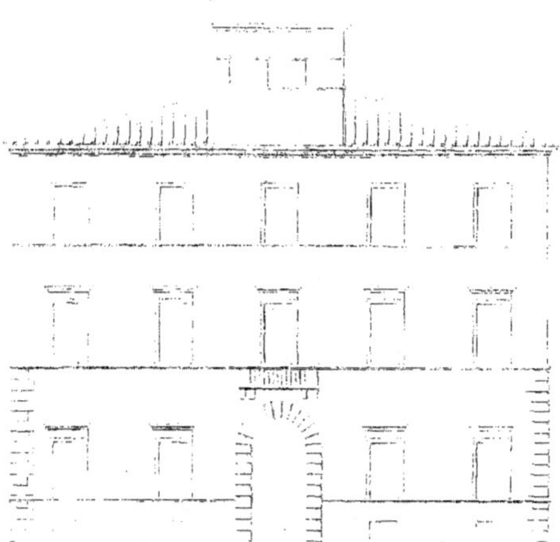

Elévation d'une Maison sur la Place du Palais Borghese.

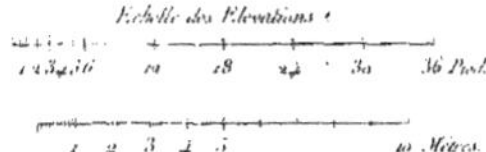

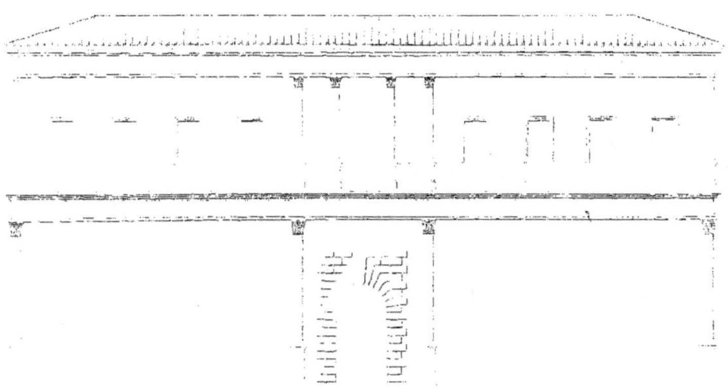

Maison de la Viane Papa Giulia.

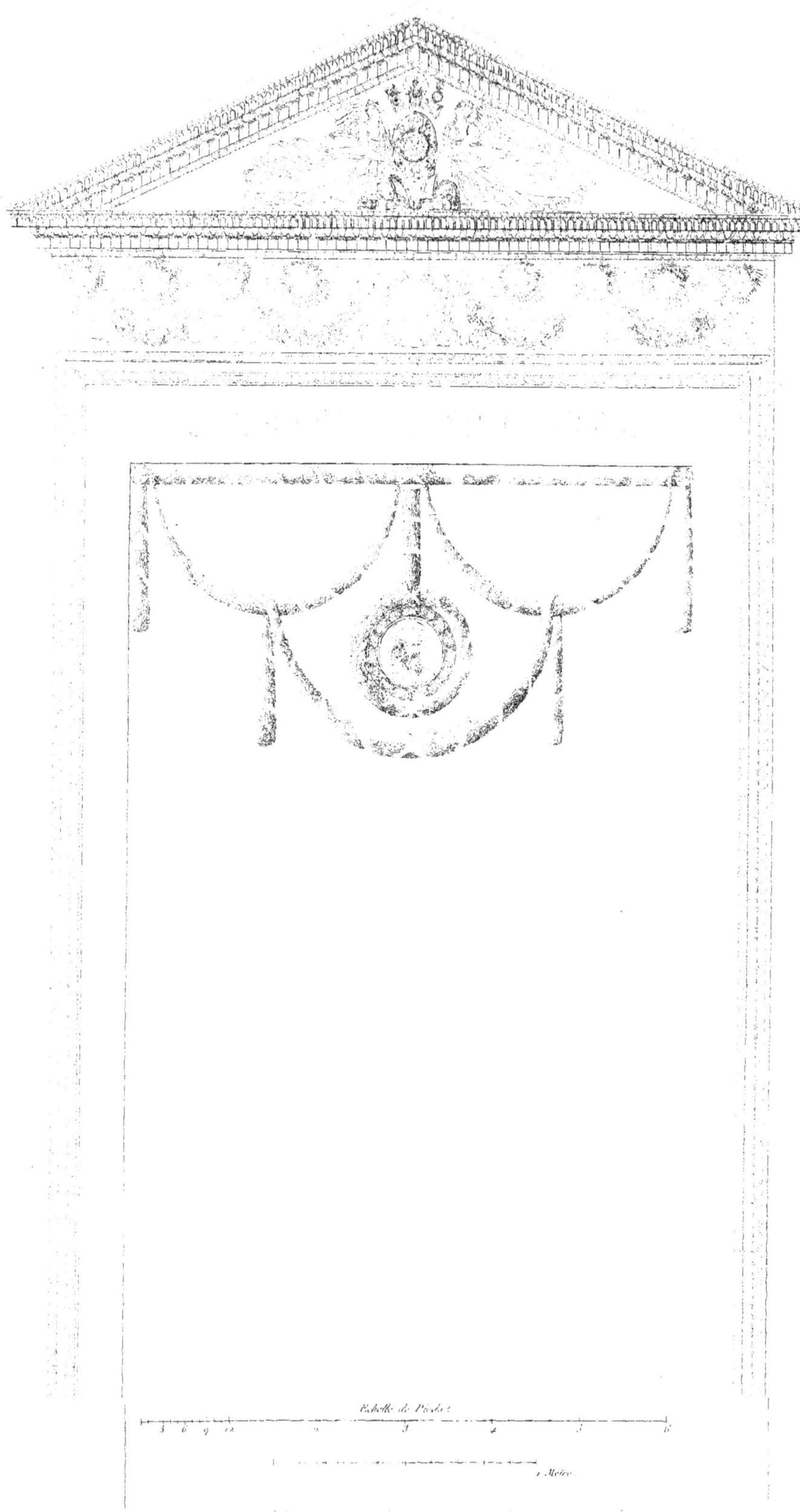

Porte de l'Eglise de S. Giacomo de' Spagnuoli.

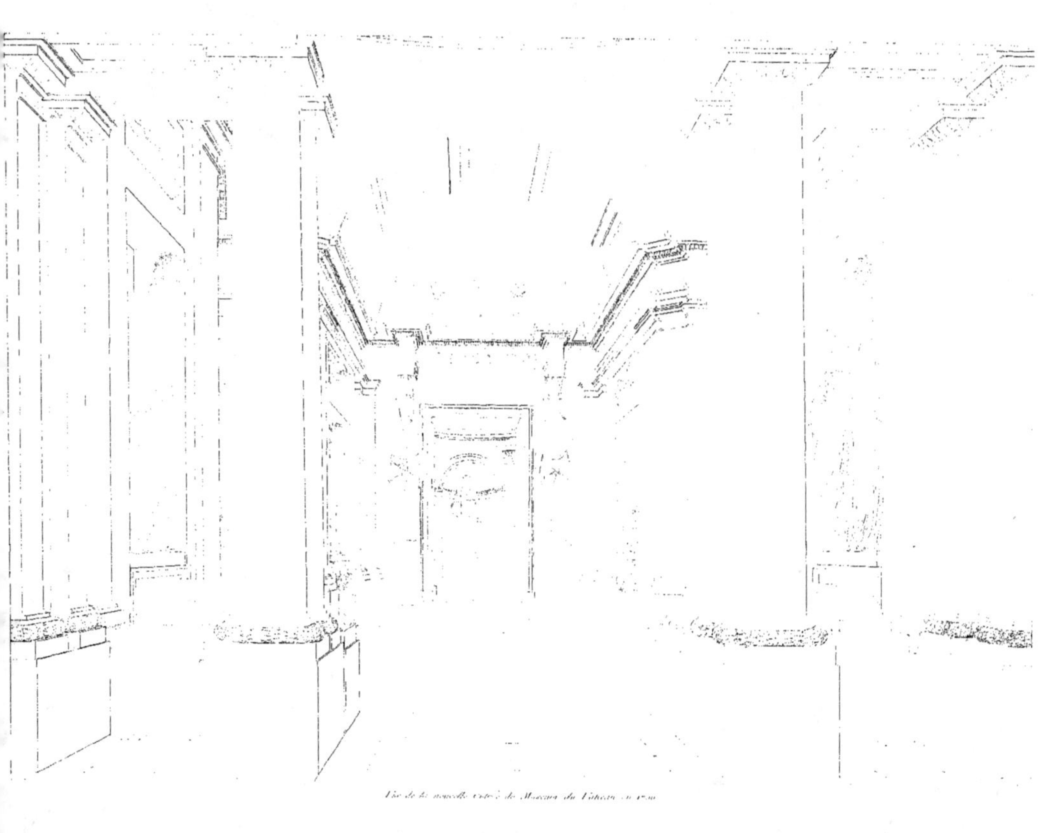

Vue de la nouvelle entrée du Museum du Vatican en 18[illegible]

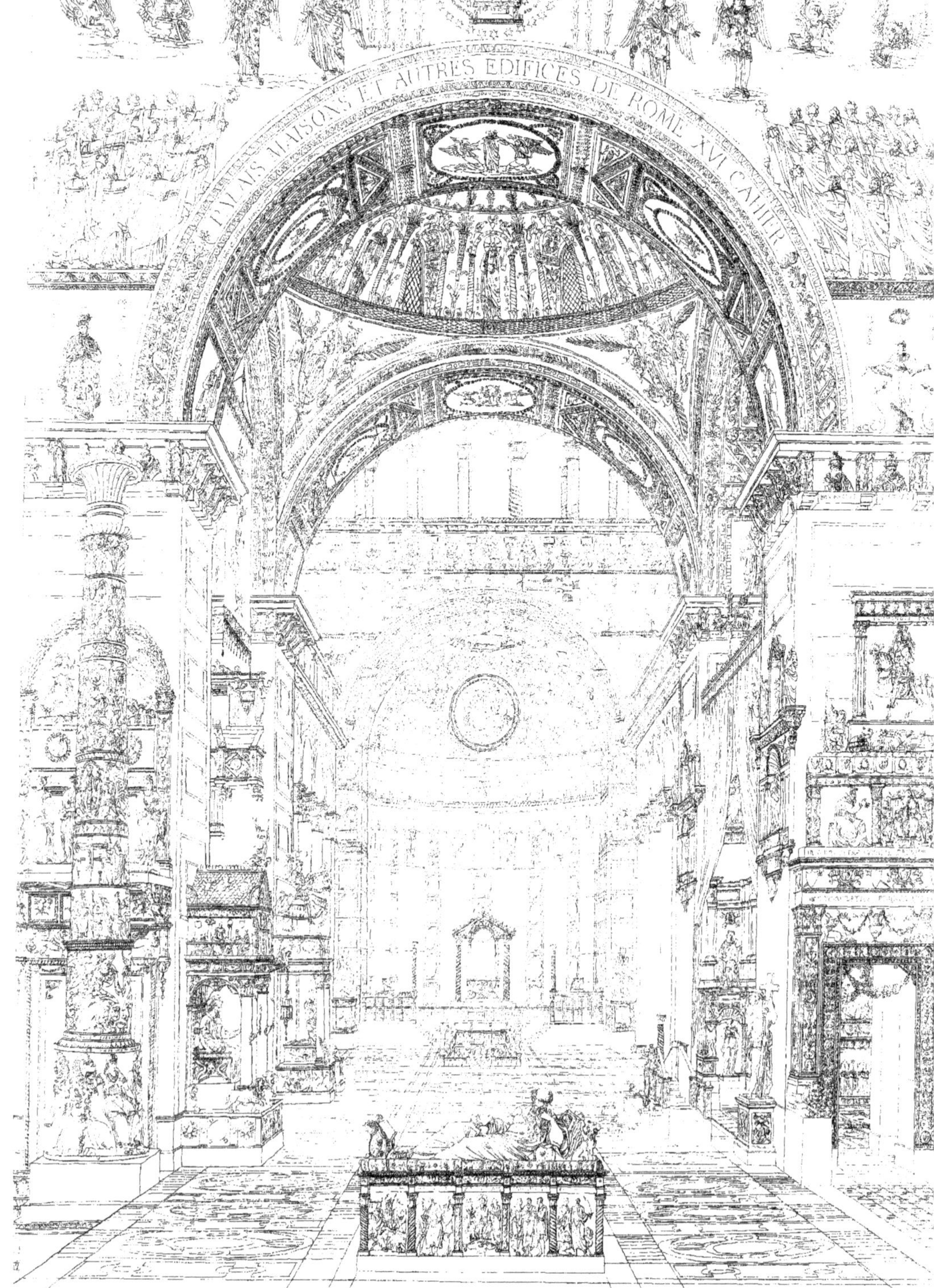
PALAIS MAISONS ET AUTRES EDIFICES DE ROME XVI CAHIER

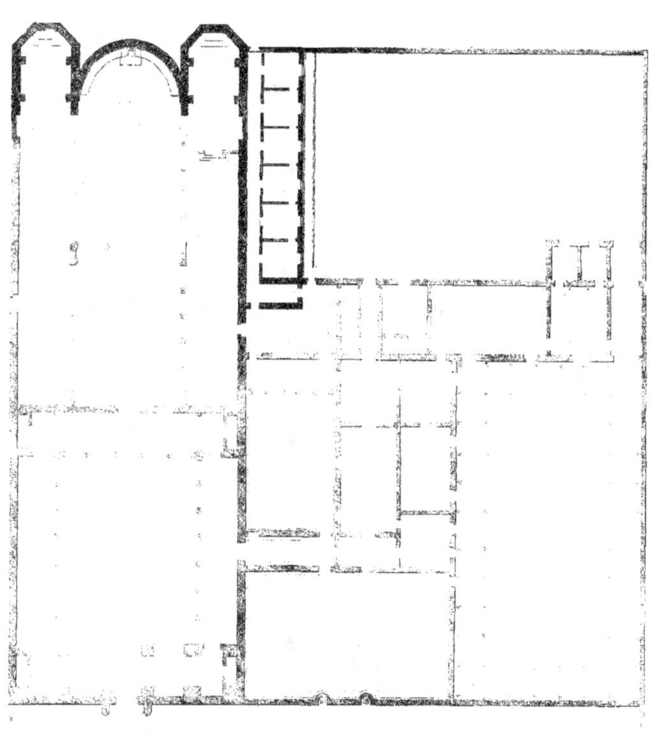

Plan du Couvent et de l'Eglise de S. Clemente auprès du Colisée.

Echelle des Plans.

1 2 3 4 5 6 12 Toises.

1 2 3 4 5 10 15 20 Mètres

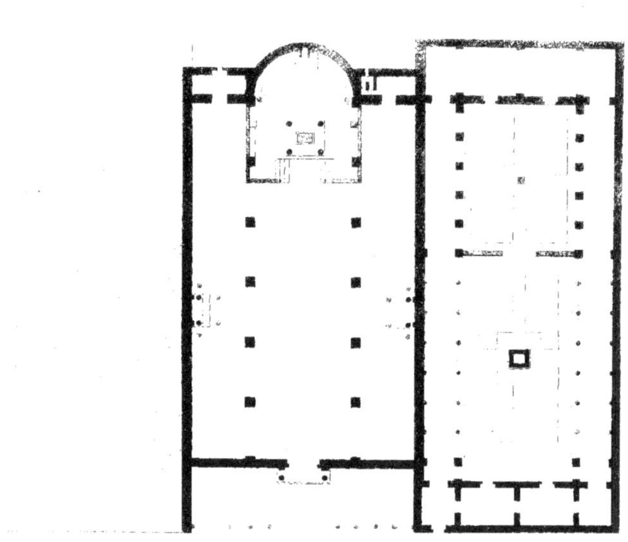

Pl. 95

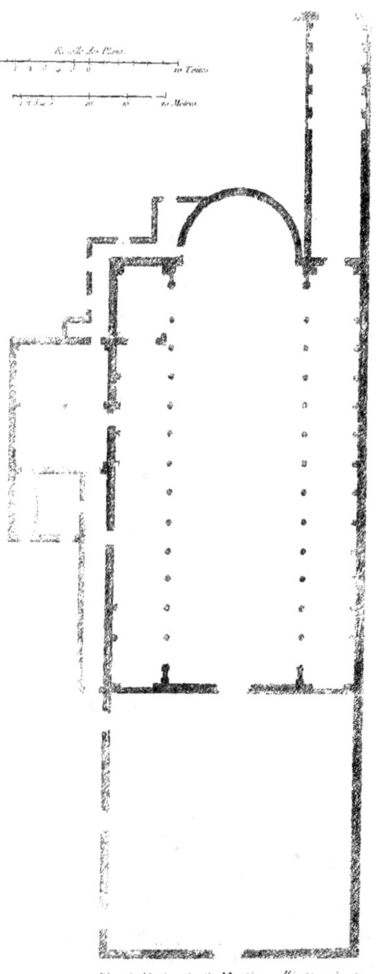

Plan de l'Eglise de S. Martino alli Monti

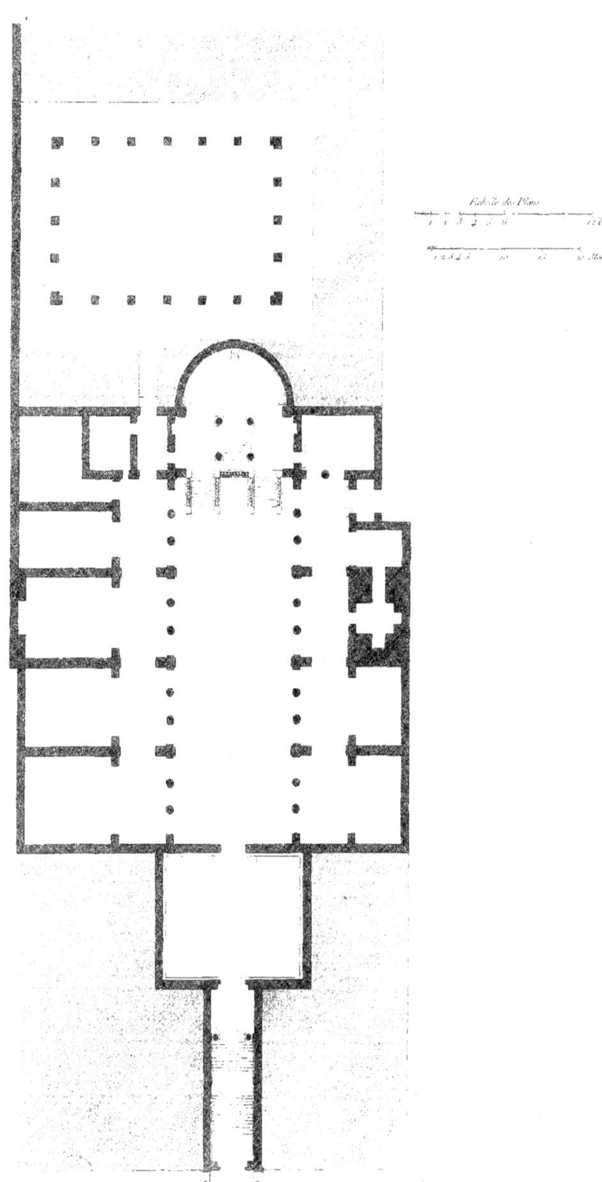

Plan de l'Église et du Couvent de S.te Praxede.

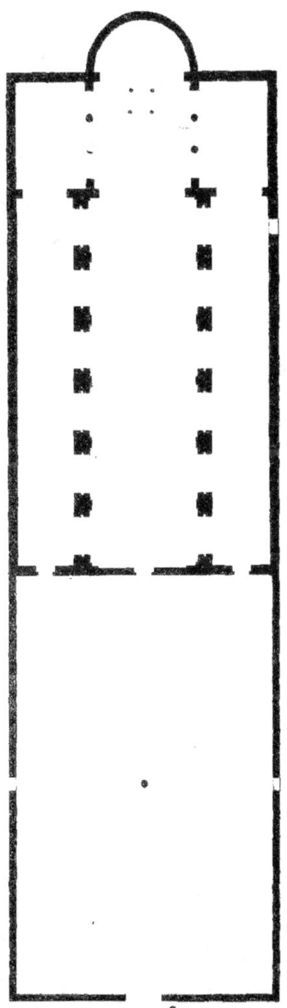

Plan de l'Eglise de S. Pancrazio

Echelle des Plans

1 2 3 4 5 6 12 Toises

1 2 3 4 5 10 15 20 Mètres

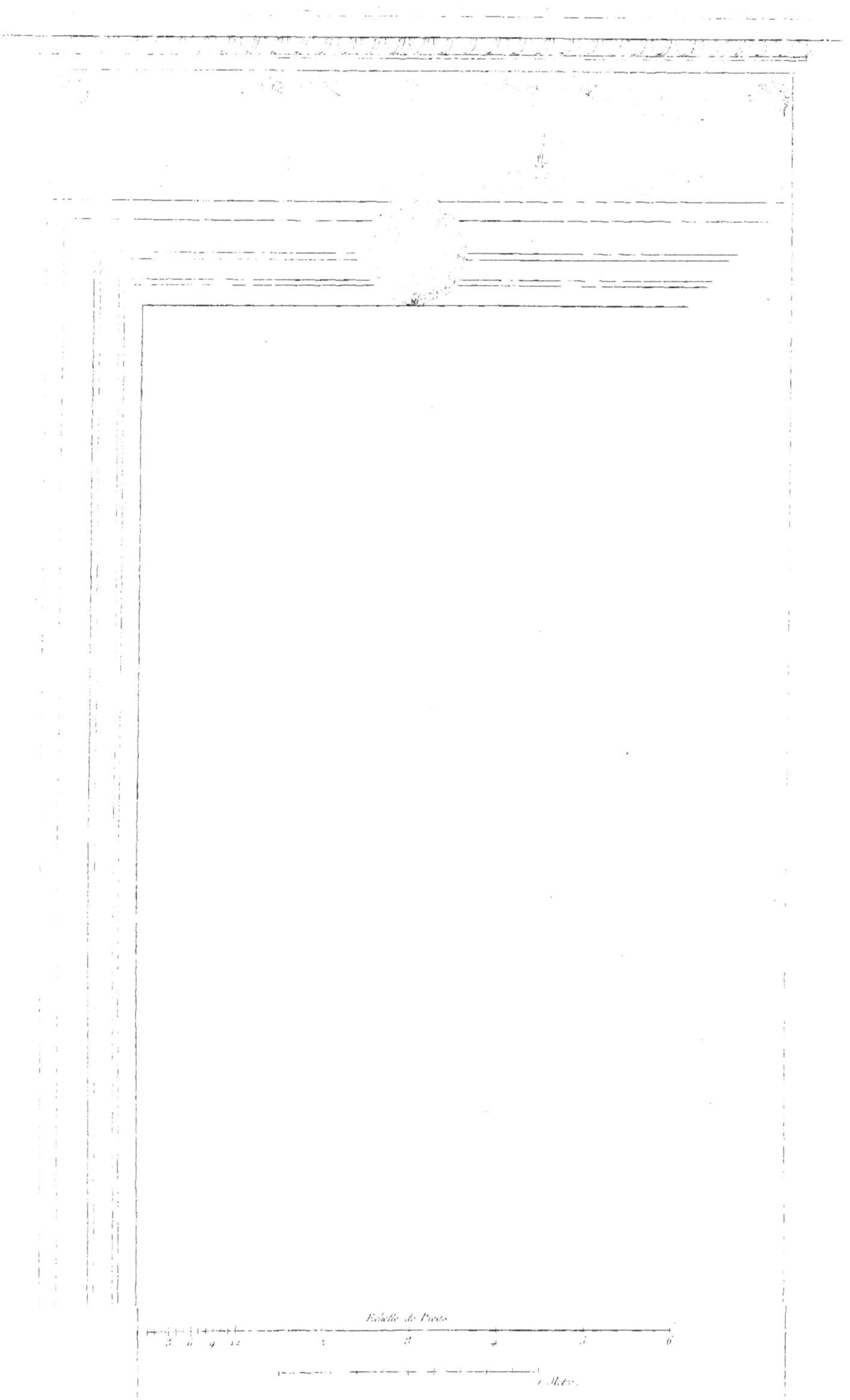

Echelle de Pieds

1 Metre.

Porte de l'Église de S. Pietro in Montorio.

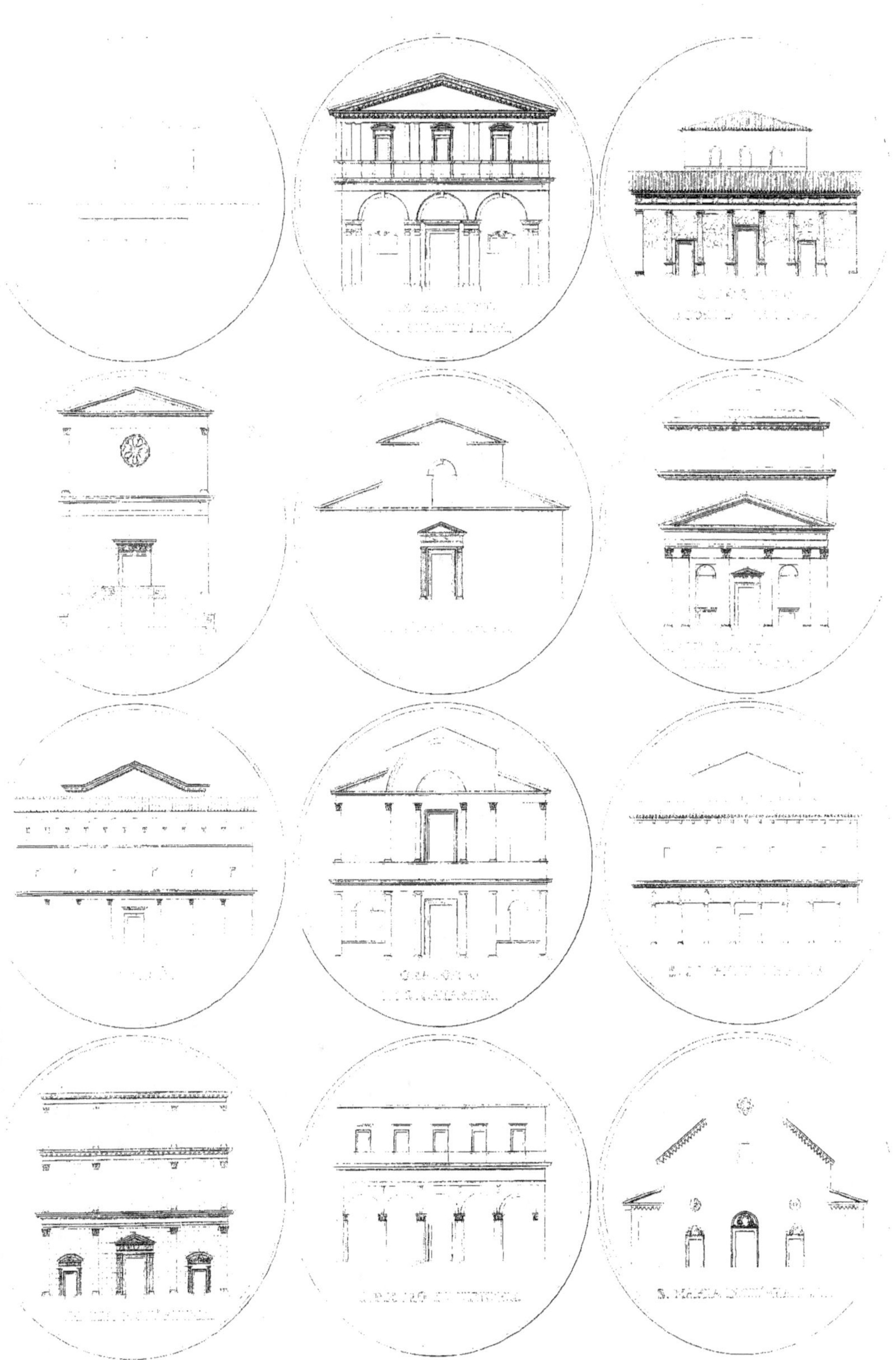

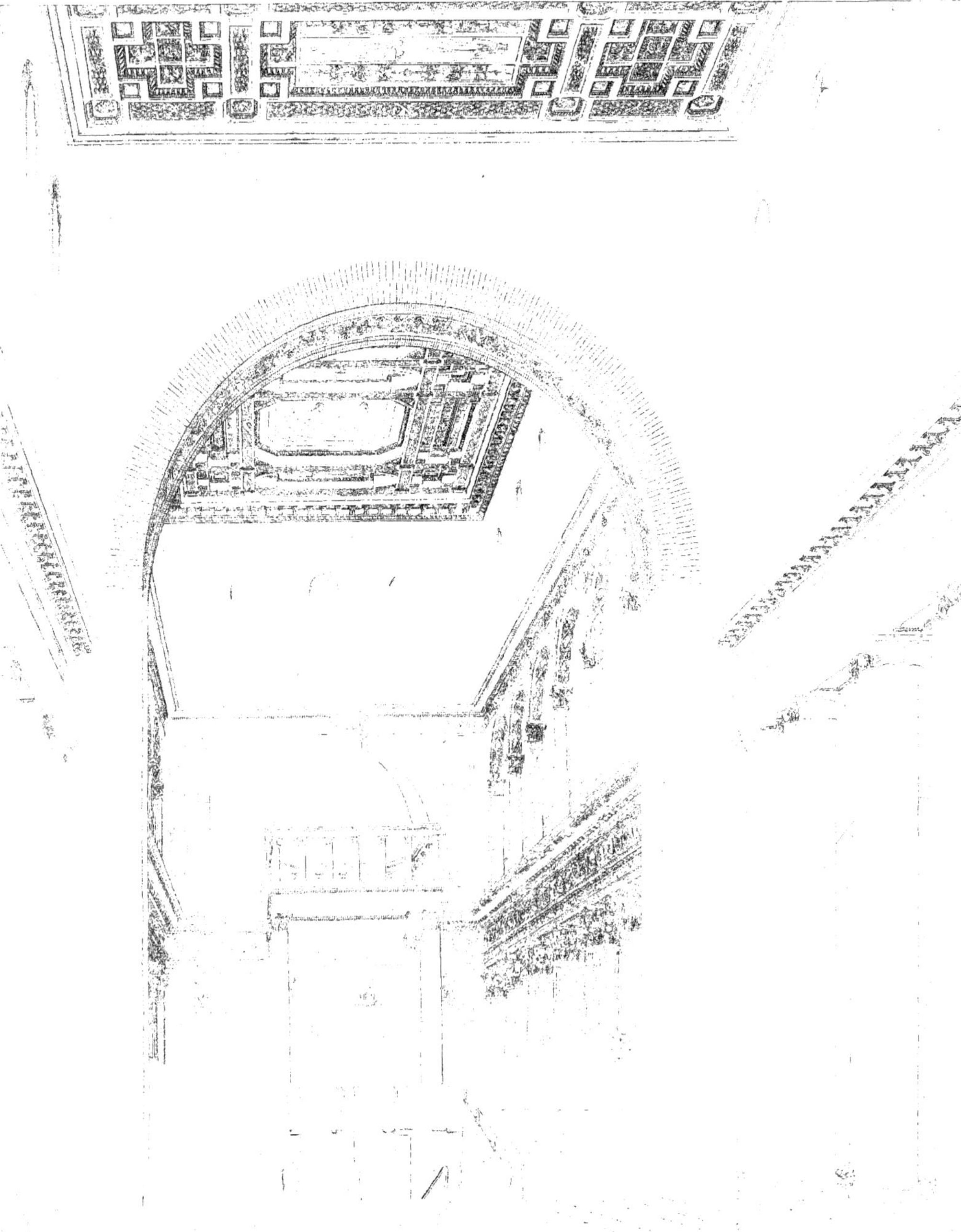

Vue de l'intérieur de l'Eglise de S.t Lorenzo fuori delle Mura.

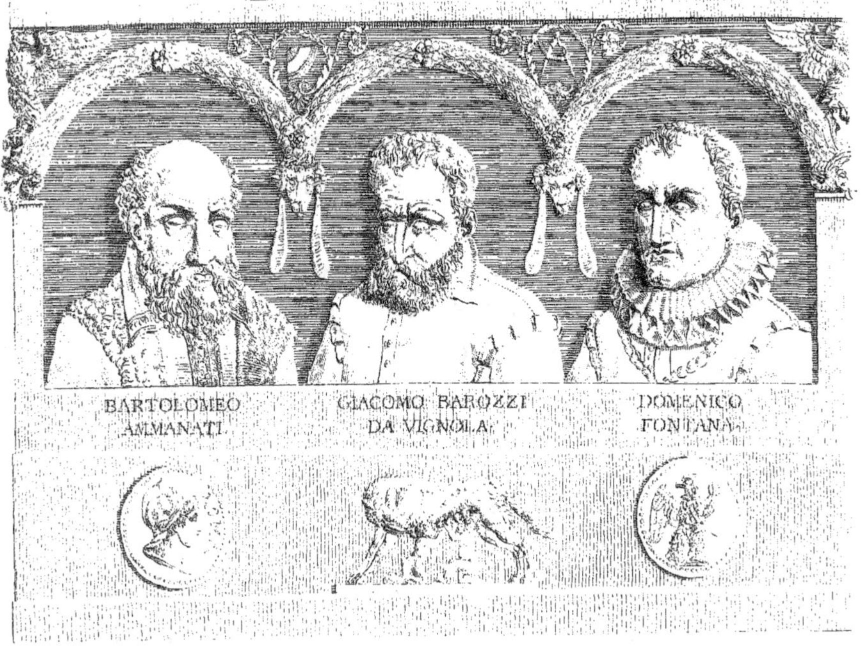

AVIS DES ÉDITEURS.

PARVENUS au terme que nous nous étions proposé en commençant ce recueil, nous croyons devoir le compléter par l'*Explication des planches* qui le composent (1).

On ne doit pas s'attendre à trouver dans cette explication tout ce qu'il y auroit d'intéressant à dire sur les édifices dont nous donnons les dessins, plusieurs d'entre eux, comme les

(1) Nous devons à l'amitié et aux lumières du citoyen Dufourny, architecte, membre de l'Institut national, les recherches et les notices explicatives qui sont jointes à ce recueil.

palais de *Monte Cavallo*, *Farnèse*, *Massimi*, *Borghèse* et *Barberini*, pouvant fournir la matière d'un volume. Cette explication courte et succincte, comme le corps de l'ouvrage auquel elle appartient, indiquera la situation précise de chaque édifice, la date de sa construction, le nom du propriétaire et celui de l'architecte sur les dessins duquel il a été élevé; et si nous ajoutons quelques observations sur le mérite qui le distingue ou sur le style qui le caractérise, ce sera seulement pour parvenir à indiquer l'époque à laquelle il a été construit, ou l'architecte auquel il peut être attribué.

Ces notices ont été puisées aux meilleures sources, ainsi qu'on en peut juger par la *Note des auteurs qui ont été consultés*, placée à la suite de cette explication.

On n'a rien négligé sur-tout pour l'exactitude des indications locales : les noms anciens et modernes des édifices, ainsi que ceux des rues dans lesquelles ils sont situés, ont été rappelés, autant qu'il a été possible; et, pour ne rien laisser à desirer à cet égard, on a joint (en marge) le numéro du grand plan de Rome, par *Nolli*, qui correspond à la maison ou au palais dont il est question. Ce plan, publié en 1748 par *Giam Buttista Nolli*, en douze feuilles, est précieux par sa grande exactitude : nous l'avons suivi pour la dénomination des édifices et pour la désignation des lieux; nous engageons nos lecteurs à le consulter, quand ils voudront reconnoître ceux que nous décrivons.

Nous croyons devoir rappeler ici que l'échelle uniforme adoptée pour tous les plans et les élévations contenues dans ce recueil, est un moyen pour comparer leurs dimensions au premier coup-d'œil, et pour juger plus facilement de leurs rapports.

On regrettera peut-être de n'y pas trouver plusieurs édifices considérables, tels que *la Farnesina*, *le palais du Vatican*, celui de *Saint-Jean de Latran*, etc.; mais on réfléchira que nous n'avons pu faire entrer dans un œuvre de la nature de celui-ci des monumens qui, par leur grandeur ou l'immensité des détails qu'ils renferment, auroient excédé de beaucoup les bornes que nous nous étions fixées. Nous nous sommes particulièrement appliqués à donner ceux qui n'avoient jamais été publiés, ou qui l'avoient été d'une manière si imparfaite, qu'on pouvoit les regarder encore comme inconnus. Notre but, ainsi que nous l'avons déja dit, a été de servir l'art que nous professons, en présentant aux maîtres une collection qui pourra leur rappeler les choses qu'ils ont admirées en Italie, et en fournissant aux élèves des ressources pour leurs études.

C'est dans la même vue d'utilité que nous avons mis à la suite de l'explication des planches une *Table chronologique des architectes mentionnés dans cet ouvrage*; elle contient sur diverses colonnes, les nom et prénoms, la patrie, la date de la naissance et de la mort de chacun d'eux, avec le numéro des planches qui représentent leurs ouvrages. Cette table nous a paru réunir le double avantage de présenter sous un même coup-d'œil des notices dont la répétition auroit alongé d'une manière fastidieuse le cours de l'explication, et de faciliter, à ceux de nos lecteurs qui le desireroient, les moyens d'étudier suivant l'ordre des temps, la marche de l'art en Italie depuis sa renaissance au XV[eme.] siècle jusqu'à sa décadence.

Enfin nous terminons par la *Liste des souscripteurs* qui ont bien voulu encourager nos efforts; en les priant d'observer que cette mesure, dictée souvent par l'intérêt au commencement d'une entreprise, ne peut être, à la fin de la nôtre, que l'expression de la reconnoissance.

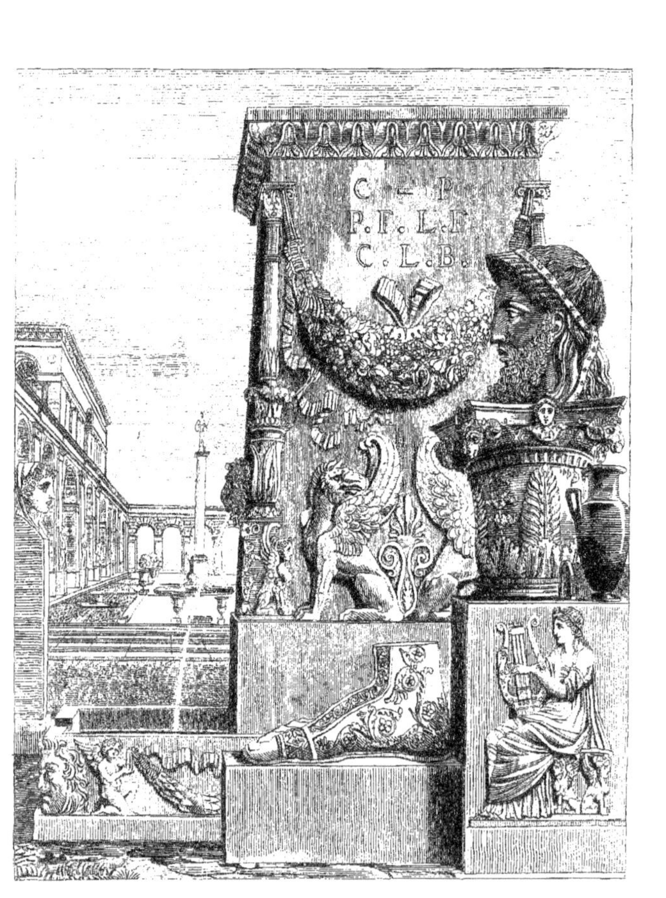
C. L. P.
P. F. L. F.
C. L. B.

EXPLICATION

DES PLANCHES

CONTENUES DANS CET OUVRAGE.

VIGNETTES.

La vignette qui orne le frontispice de l'ouvrage présente les portraits de *Bramante Lazzari*, *Antonio da Sangallo* et *Baldassare Peruzzi*, artistes qui ont puissamment contribué à ramener et à fixer les principes de la bonne architecture.

Celle qui est à la tête de l'Avis des éditeurs offre les traits de *Jacopo Barozzi da Vignola*, *Bartolomeo Ammanati* et *Domenico Fontana*, dont les ouvrages et les écrits ont maintenu, perfectionné et propagé l'art. Nous avons cru devoir payer ce foible tribut de reconnoissance à ces maîtres célèbres dont les chefs-d'œuvre ont enrichi notre recueil.

Enfin dans la vignette qui termine l'ouvrage, on voit divers fragmens antiques réunis, dont un *pied colossal en bronze* tiré du palais des conservateurs au Capitole.

PREMIER CAHIER.

PLANCHE 1ere.

Vue d'une galerie ornée de colonnes, bustes, statues, vases, candelabres et bas-reliefs, tirés pour la plupart du palais *Mattei*, près Sta. *Catarina de' Funari*. On remarque au centre la célèbre *table héliaque*, qui a été expliquée par *Aléandre*, et au-dessous un sarcophage sur lequel sont représentés des Amours occupés, les uns à vendanger, et les autres à sacrifier à *Priape*.

Plan de Nolli, N° 1004.

Plan de Nolli.

PLANCHE 2.

N° 719. Plan et élévation d'un palais (1) situé au coin du *Vicolo de' Balestrari* et de la place du palais *Spada*. A la simplicité de ce plan, ainsi qu'à l'ordonnance de la façade et à la finesse des détails, il est facile de reconnoître la manière de *Baldassare Peruzzi* qui a élevé les deux palais *Massimi*, celui de la *Farnesina* et plusieurs autres dont on peut voir les dessins dans ce recueil, planches 4, 22, 28, 57, 59, 60, 61 et 89.

N° 1246. Plan et élévation d'un petit palais situé rue de *Borgo Vecchio* : on l'attribue à *Baldassare Peruzzi*, et nous ne sommes pas éloignés de partager cette opinion, la marche du plan, ainsi que les détails de la porte et des croisées de la façade, nous paroissant avoir du rapport avec ceux du palais précédent.

PLANCHE 3.

N° 551. Plan et élévation d'un petit palais situé dans le *Vicolo dell'Oro* près Saint-Jean des Florentins. La disposition de ce plan est fort simple, et la façade porte un caractère de gravité imposante. L'architecte n'est pas connu ; cependant le quartier des Florentins où il est placé, et plus encore le style mâle de sa décoration, indiquent assez qu'il est l'ouvrage de l'un des habiles artistes de cette nation qui, sous les papes de la maison de *Medicis*, c'est-à-dire au commencement du quinzième siècle, ont travaillé aux constructions de ce quartier.

N° 911. Plan et élévation d'une maison située au bas du Capitole, dans la rue qui conduit à l'église du *Gesù*, et presqu'en face du palais *Muti-Bussi*.

N° 1006. Plan au rez de chaussée et coupe sur la cour du palais *Mattei-Paganica*, situé place de *Paganica*. *Filippo Titi*, auteur assez exact d'une description de la ville de Rome, page 90, attribue ce palais à *Vignola* ; et, quoique les auteurs qui ont écrit la vie de cet architecte n'en fassent pas mention, ce sentiment paroîtra assez bien fondé, si l'on considère le caractère des profils de la façade et l'ordonnance de l'intérieur de la cour.

PLANCHE 4.

N° 625. Plan, coupe et élévation du petit palais *Massimi*, situé rue *della Valle*. Il est contigu au grand palais de la même famille, connu sous le nom de palais *Massimi delle Colonne*, dont nous donnons les plans, les élévations et les détails,

(1) Nos lecteurs ne doivent pas être étonnés de voir donner à des maisons de modeste apparence le nom de *Palais*, qui, dans notre langue, ne s'applique guère qu'aux demeures des rois et des princes, ou aux édifices publics. Le mot italien *Palazzo*, à Rome et généralement dans toute l'Italie, s'étend aux maisons habitées par des nobles ou de riches particuliers, et équivaut à notre mot *hôtel*.

planches 56, 59, 60 et 61 de cet ouvrage. Ces deux palais ont été bâtis sur les dessins de *Baldassare Peruzzi*. Si celui-ci n'est ni aussi considérable, ni aussi richement décoré que le grand palais, il n'est pas moins remarquable par son élégante simplicité, par l'harmonie qui règne dans son ensemble, et par l'art avec lequel l'habile artiste a su distribuer régulièrement un terrain de forme ingrate. La porte d'entrée sur la rue est sur-tout digne d'être observée pour sa belle proportion et la grace de ses profils. Plan de Nolli.

PLANCHE 5.

Plan au rez-de-chaussée du palais *Panfili*, place Navone, bâti en 1650 par les ordres du pape Innocent X (*Gio. Battista Panfili*) sur les dessins de *Girolamo Rainaldi*. Les élévations de ce palais, qui sont gravées dans l'ouvrage intitulé *Palazzi di Roma*, publié par *Gio. Giacomo de' Rossi*, présentent à peu près tous les abus dont l'art étoit alors entaché; mais le plan est bien disposé, et ses portiques ont de la grandeur, caractère qui n'a jamais abandonné l'architecture italienne, lors même de sa plus grande dégradation. Nº 607.

Plan du palais *Muti-Bussi*, près du Capitole, dans la rue qui conduit à l'église du *Gesù*. Il a été construit par *Gio. Antonio de' Rossi*, qui, après avoir, dans le palais *Altieri*, donné des preuves de son habileté à disposer les grands édifices, a montré, dans celui-ci, qu'il n'étoit pas moins ingénieux pour tirer parti des formes irrégulières, et agrandir par une heureuse disposition les terrains les plus resserrés. Le plan du palais *Colonna di Sonnino*, que nous donnons planche 11, en est une nouvelle preuve. Nº 911.

PLANCHE 6.

Vue de l'intérieur de la cour du palais *della Valle*, aujourd'hui *del Buffalo*, situé rue *della Valle*. Cette cour, l'une des mieux disposées qu'il y ait Rome, a été bâtie, ainsi que la majeure partie du palais, pour le cardinal *Andrea della Valle*, par *Lorenzo Lotti*, dit *Lorenzetto*, sculpteur et architecte florentin, beau-frère de Jules Romain, et ami particulier de Raphael. Les colonnes sont de granit oriental: plusieurs des bases et des chapiteaux sont antiques; ainsi que les frises et bas-reliefs dont cette cour est décorée. C'est, au dire de *Vasari*, le premier édifice à l'ornement duquel on ait employé avec intelligence des bustes, bas-reliefs, statues, et autres fragmens antiques; et *Lorenzetto* les distribua avec un tel succès, que bientôt cet exemple fut suivi par les cardinaux *Farnèse*, *di Ferrara* (1), *Cesi*, et autres amateurs de l'antiquité qui vivoient alors à Rome. Nº 782.

---

(1) Le cardinal *di Ferrara* étoit Hippolyte d'Este, créé le 20 décembre 1758, et mort en 1572. *Ciacconi* dit de lui: « *Romae in Quirinali ac Tybure hortos amœnissimos in summo montis extruxit,* » *cum permagnifico Praetorio, statuis antiquis et picturis exornato*, etc. » Les jardins sur le Quirinal, dont il est ici question, ont fait place au Palais pontifical de *Monte Cavallo*, et ceux de Tybur sont *la Villa d'Este* à Tivoli.

Plan de Nolli.

DEUXIÈME CAHIER.

PLANCHE 7.

Fontaine composée de sarcophages, chapiteaux, mascarons, et autres fragmens antiques tirés de différens palais.

PLANCHE 8.

N° 557. Plan du palais *Sacchetti*, rue *Giulia*, près l'église de Saint Jean des Florentins, bâti par *Antonio da Sangallo*. L'élévation et la coupe se voient à la planche suivante.

PLANCHE 9.

Façade sur la rue et coupe du palais *Sacchetti*, dont le plan est dans la planche précédente. Ce palais. l'un des plus réguliers de Rome, tant dans son plan que dans ses élévations, a été construit par *Antonio da Sangallo* pour son habitation. Après sa mort, il passa au cardinal *Giovanni Ricci da Montepulciano*, qui le fit terminer et agrandir sous la direction de *Nanni Bigio*, architecte florentin : depuis il a successivement appartenu aux familles *Cevoli* et *Acquaviva*, et enfin aux *Sacchetti*, qui le possèdent encore aujourd'hui. La façade sur la rue, exécutée en briques et en pierre travertine, est remarquable par sa belle proportion, par les deux plinthes qui indiquent à l'extérieur les planchers des étages, et par les stylobates continus qui supportent les croisées : celles du premier étage ont cela de particulier, qu'elles vont en s'élargissant par le bas ; pratique que *Sangallo* a employée, comme on le voit dans la planche 41, au rez-de-chaussée de la cour du palais *Farnèse*, et qu'il paroît avoir imitée de la porte du temple de la Sibylle à *Tivoli*, ou puisée dans la doctrine de Vitruve sur la *porte Dorique*.

PLANCHE 10.

N° 1256. Plan au rez-de-chaussée et coupe sur la cour du palais *Cesi*, situé rue de *Borgo Vecchio*, bâti en 1411 par le cardinal *Armellino* ; et a passé depuis à la famille *Cesi* des ducs d'*Acqua Sparta*, qui, vers la fin du XVIe siècle, le fit agrandir et restaurer tel qu'on le voit aujourd'hui, par *Martino Lunghi*, dit le Vieux. Ce *Lunghi* est le même qui a bâti l'église des Nouvelles-Converties au cours, celle de l'hôpital de la Consolation, la façade et la cour du palais *Altemps*, près du collége de l'Apollinaire, le palais *Conti* à la fontaine de *Trevi* et le palais *Borghèse*. On peut voir les plans et élévations de ce dernier aux planches 87 et 88 de cet ouvrage.

Plan de Nolli.

PLANCHE 11.

Plan du palais *Niccolini*, situé rue *de' Banchi*, en face du palais *Ciccia-Porci*; la distribution de ce plan, dans un terrain de forme aussi ingrate, est ingénieuse, et l'élévation sur la rue se fait remarquer par son élégante simplicité et la grace de ses détails. C'est l'un des meilleurs ouvrages de *Jacopo Sansovino*, sculpteur et architecte florentin, qui le bâtit vers l'an 1520, pour *Giovanni Gaddi*, son protecteur et son ami. Il a passé depuis à la maison *Strozzi*, et ensuite aux marquis *Niccolini*, de Florence, auxquels il appartient. Autrefois il étoit orné de statues, bustes et autres fragmens antiques; et encore aujourd'hui on voit au fond de la seconde cour un groupe de Mars et Vénus, exécuté en marbre par *Moschino*, fils de *Simone Mosca*, dont *Vasari* parle avec éloge dans la vie de cet artiste. vis-à-vis le N° 574.

Plan du palais *Colonna di Sonnino*, aujourd'hui *Colonna-Stigliano*, rue *de' Cesarini*, près du théâtre d'*Argentina*; il est de *Giovanni Antonio de' Rossi*, qui a donné dans cet ouvrage une preuve de son adresse à tirer parti des formes les plus irrégulières. (Voyez l'explication de la planche 5.) N° 885.

Plan au rez de chaussée d'un palais ou maison particulière, sise place d'Espagne, au pied de la rampe dite *Salita di San Bastianello*, par laquelle on monte à la *Villa Medici*.

PLANCHE 12.

Vue d'une cour, située près du palais *Mattei*, au coin de la place *delle Tartarughe*; on y voit un escalier ouvert d'un côté, et supporté par des pilastres quadrangulaires d'ordre corinthien, lequel aboutit à deux galeries de l'étage supérieur et produit un effet piquant. Le nom de l'auteur de cet ouvrage nous est inconnu; mais il est facile de reconnoître qu'il appartient à l'un des artistes qui, comme *Baccio Pintelli*, *Giuliano da Sangallo* et le *Bramante*, ont fleuri à Rome vers la fin du XVe siecle ou au commencement du XVIe. N° 1016.

PLANCHE 13.

Intérieur d'une cour voisine du *Panthéon*. On y remarque une galerie, qui conduit à un escalier, et communique aux appartemens du rez de chaussée. Cet ouvrage paroît être de la même époque que celui qui est décrit dans la planche précédente, c'est-à-dire du commencement du XVIe siecle. vers le N° 839.

Plan de Nolli.

TROISIÈME CAHIER.

PLANCHE 14.

Voûte décorée d'ornemens arabesques, tirés des appartemens du palais du Vatican.

PLANCHE 15.

N° 1310. Plan au rez de chaussée, et façade du palais *Giraud*, situé rue de *Borgo Nuovo*, place de *S. Giacomo scossa-cavalli.*

Ce magnifique palais, bâti en 1504 pour le cardinal *Adriano da Corneto*, sur les dessins de *Bramante Lazzari*, a long-temps appartenu aux rois d'Angleterre, qui y logèrent leurs ambassadeurs, tant qu'ils en eurent auprès du Saint-Siége; mais Henri VIII ayant rompu avec l'église romaine, il passa au cardinal *Campeggi*, puis à la maison *Colonna*, de laquelle Innocent XII l'acheta, pour y fonder un collége ecclésiastique. Cet établissement ayant été transféré ailleurs sous Clément XI, la chambre apostolique vendit ce palais 14,000 écus à la famille des comtes *Giraud*, originaire de France, qui le possède encore aujourd'hui. La régularité du plan et le grand caractère de la façade, qui est entièrement revêtue de pierre travertine, mettent cet ouvrage au nombre des meilleurs du *Bramante*; par-tout on y reconnoît le style que déjà il avoit déployé plus en grand dans le palais de la Chancellerie. (Voyez la planche 76.)

La porte qui existe maintenant étant un ouvrage moderne, et n'ayant aucun rapport avec le reste de l'édifice, nous avons cru devoir y substituer celle qui est gravée dans le recueil publié par *Gio. Giacomo de' Rossi*, sous le titre de *Palazzi di Roma*, liv. Ier., pl. 38.

PLANCHE 16.

près le N° 302. Elévation principale du palais *Sciarra-Colonna*, rue du Cours, place de *Sciarra*. C'est sans contredit le meilleur ouvrage de *Flaminio Pontio*, habile architecte, qui florissoit sous Paul V, et mourut sous son pontificat à l'âge de quarante-cinq ans et dans toute la vigueur de son talent. Peu de façades réunissent autant de mérite; division judicieuse et bien graduée des étages, croisées régulièrement espacées et bien profilées, bel entablement couronnant avantageusement l'édifice, tout paroît avoir été calculé pour donner à cette façade un caractère de simplicité, de grace et d'unité qui plaît à l'œil le moins exercé. La porte d'entrée est généralement attribuée à *Antonio Labacco*; mais cette assertion paroîtra hasardée, si l'on réfléchit que cet artiste, né vers 1500, n'a pu vivre assez pour avoir part à la décoration de ce palais bâti un siecle après, vers l'an 1600.

N° 654. Elévation d'une petite maison, située dans le *Vicolo del Governo*. Les édifices de ce recueil étant dessinés sur une même échelle, il est facile d'observer que celui-ci est le moindre de tous en étendue; mais en mérite, il ne le cède guères aux plus considérables; et dans sa petitesse il offre un modèle de la grace unie à la gravité. Les ornemens des frises sont exécutés en *Sgraffitto* (1). Nous ignorons l'auteur de cette façade; mais elle ne peut être attribuée qu'à l'un de ces architectes florentins qui, lors de la renaissance de l'art, ont contribué à ramener le bon goût. Plan de Nolli.

Elévation du palais *Muti-Papazzuri*, du côté de la place *della Pilotta*, près l'église des *S.S. Apostoli*, bâti par *Mattia de' Rossi*, élève favori du Bernin qui le conduisit en France. Il est bon d'observer, pour l'intelligence de ce dessin, que l'avant-corps de la porte forme au premier étage une terrasse qui communique aux deux ailes, et que les trois croisées du centre se trouvent reculées au fond de la cour. N° 292.

PLANCHE 17.

Plan au rez de chaussée, et coupe d'une maison située rue du théâtre *della Valle*. Afin de montrer dans un seul dessin tout ce que cette maison contient d'intéressant, nous avons pris la licence de faire passer la ligne de coupe par le milieu de la cour, et de la retourner à angles droits sur la salle carrée, dont la voûte d'arrête est décorée en arabesques; et sur le jardin, dont la décoration présente de l'intérêt. vers le N° 783.

PLANCHE 18.

Plan d'un palais situé rue *dell' Orso*, du côté du Tibre, entre le monastère des Célestins et l'*Arco di Parma*. près le N° 522.

Plan du palais de l'Ordre Teutonique, près de la place du palais *Farnèse*. N° 707.

Plan du palais *Rita*, sis au *Campo Marzo*, près l'église de *S. Salvatore delle Copelle*. N° 824.

Plan du palais *Gamberucci*, au bas du Capitole. N° 913.

Plan du palais *Maccarani*, près de la place *Margana*, même quartier que le précédent. N° 993.

Nous avons cru devoir réunir ces différens palais sur une même feuille : construits pour la plupart vers le commencement du XVIIe siecle, leurs élévations n'offrent pas assez de pureté pour trouver place ici; mais les plans nous

(1) Le *Sgraffitto* est une espèce de peinture ou plutôt de dessin propre, par sa solidité, à orner l'extérieur des édifices; il s'exécute ainsi qu'il suit. On prend de la chaux détrempée à l'ordinaire avec du sable; on y mêle du noir de paille brûlée, qui donne à l'enduit une teinte de noir argentin : on en couvre le fond sur lequel on veut dessiner; ensuite on le blanchit avec un léger enduit de lait de chaux passé par-tout bien également; puis, au moyen de poncifs, on trace le dessin qu'on veut exécuter; enfin avec une pointe de fer, grattant et enlevant la superficie blanche, on découvre le fond noir qui marque les contours, et avec des hachures on achève de donner le relief nécessaire. Tel est le procédé que, *per essere dal ferro graffiato*, dit *Vasari*, on a nommé *Sgraffitto*.

Plan de Nolli. ont paru présenter de la variété, des difficultés heureusement vaincues, et des modèles pour la distribution des terreins irréguliers.

PLANCHE 19.

Vue d'une cour voisine de l'église de S. Louis des Français. On y peut remarquer la disposition du portique et une petite fontaine formée d'un sarcophage antique.

QUATRIÈME CAHIER.

PLANCHE 20.

Fragmens de corniches, modillons et bases antiques tirés de différens édifices. La cimaise, ornée de têtes de lion, se voit sur la façade d'une maison près du pont Saint-Ange : les deux modillons qui la supportent sont tirés de la maison dite de Pilate et la base du Muséum du Vatican.

PLANCHE 21.

N° 832. Plan au rez de chaussée, et coupe sur la cour du palais *Giustiniani*, situé entre le Panthéon et S. Louis des Français. Il a été bâti pour le marquis *Vincenzio Giustiniani*, sur les dessins de *Giovanni Fontana*, à l'exception de la grande porte du côté de S. Louis des Français, et de quelques autres parties ajoutées par le *Borromini*. C'est un des palais de Rome le plus riche en statues, bas-reliefs et autres antiquités, dont la plus grande partie a été trouvée dans les fouilles qui ont été faites pour les fondemens de l'édifice.

PLANCHE 22.

N° 646. Plan au rez-de-chaussée, coupes et élévations d'un petit palais, situé *Vicolo dell' Aquila*, auprès de la Chancellerie ; c'est le palais *Silvestri*, l'une des plus ingénieuses productions de *Baldassare Peruzzi*. Quelques écrivains l'ont attribué à Michel-Ange, d'autres ont cru y voir le modèle en petit du palais *Farnèse* : c'est à tort ; la marche du plan, le caractère des élévations, la pureté des détails, tout décèle l'habile architecte de la *Farnesina* et du palais *Massimi*, qui paroît s'être plu à montrer ici comment, dans le terrain le plus circonscrit, on peut réunir la commodité de la distribution à la grandeur et à l'élégance des formes.

PLANCHE 23.

vers le N° 1258. Plan d'une maison située *Borgo di San Pietro*, près de la colonnade de Saint-Pierre.

Plan du palais *Altemps*, place *Palomba*, près l'église de S. Apollinaire ; il a été bâti ou restauré en grande partie par *Martino Lunghi*, dit le vieux, qui a construit les palais *Cesi* et *Borghèse*, dont les dessins se voyent planches 10, 87 et 88 de cet ouvrage. Plan de Nolli. N°. 519.

PLANCHE 24.

Plan au rez-de-chaussée, coupe et élévation d'un palais situé rue *Giulia*, près Saint-Jean des Florentins, et contigu au collège *Bandinelli*. Quelque ressemblance de détails avec ceux du petit palais *Massimi*, exposé dans la planche 3, nous font conjecturer que celui-ci pourroit être aussi l'ouvrage de *Baldassare Peruzzi*. La belle frise qui décore la façade est exécutée en *Sgraffitto*, procédé sur lequel on peut consulter l'explication de la planche 16. près du N° 555.

PLANCHE 25.

Vue du portique d'entrée et de la cour du palais, dont on a donné le plan et les élévations dans la planche précédente.

CINQUIÈME CAHIER.

PLANCHE 26.

Fontaine composée de divers fragmens de sculpture et d'ornemens tirés des palais de Rome. On y remarque les deux lionnes égyptiennes de basalte, qui ornent la fontaine de la place de *Termini*.

PLANCHE 27.

Plan du palais *Doria Panfili* au cours. Ce vaste édifice occupe l'emplacement d'un ancien monastère de Saint-Ciriaque, lequel ayant été supprimé, en 1435, par Eugène IV, fut dans la suite acheté par le cardinal *Fazio Santorio* qui, après y avoir élevé un palais avec une cour entourée de portiques, le céda à Jules II. A la mort de ce pape, il passa à son neveu *Francesco Maria della Rovere*, duc d'*Urbino*, ensuite aux *Aldobrandini*, sous Clément VIII, puis aux *Panfili*, et enfin aux *Doria* de Gênes, héritiers de cette dernière maison. Les corps de bâtimens dont ce palais est composé portent le caractère des diverses époques auxquelles ils ont été élevés : le plus ancien est celui auquel appartient la cour entourée de portiques en colonnes, à double étage, qui règne sur la rue du cours ; il est de *Bramante*, qui sans doute l'éleva par ordre du cardinal *Santorio* : les écuries, remarquables par leur étendue et leur magnifique disposition, paroissent être de la même époque. Quant à la partie qui fait face au collège Romain, et qui comprend le vestibule et le grand escalier, quelques-uns l'attribuent à *Pietro* Nos 852 et 853.

Plan de Nolli. *da Cortona*, qui a bâti l'église contiguë de *Santa-Maria in via lata*, mais l'opinion la plus générale est qu'elle est de *Francesco Borromini*.

PLANCHE 28.

N° 502. Plan et coupe du palais *Negroni*, autrefois *Gonzaga*, faisant l'angle de la rue de *Ripetta* et de la place du collége Clémentin. Il est attribué à *Bartolomeo Ammanati*, et l'on y reconnoît en effet la manière de cet habile artiste auquel on doit la belle cour du collège romain et le palais *Ruspoli* au cours (voyez planches 35 et 72 de ce recueil) : les pilastres, les chambranles et les autres membres d'architecture sont exécutés en Travertin, et se détachent sur un fond de briques ; les croisées du dernier étage sont d'un style et d'une époque plus modernes ; elles pourroient être de *Carlo Bizzaccheri* qui, selon *Pascoli*, a restauré ce palais.

vers le N° 633. Plan au rez-de-chaussée et coupe sur la cour d'une maison sise rue *de' Chiavari*. Cette maison qui appartient aujourd'hui à l'église de *S. Carlo de' Catenari*, a été habitée autrefois par le célèbre commandeur *Cassiano dal Pozzo*, nom cher aux arts, et qui restera étroitement lié à celui du Poussin, dont les rares talens seroient peut-être restés enfouis, sans la constante amitié et la protection dont il l'honora. C'est là que cet amateur éclairé avoit réuni une précieuse collection de statues, tableaux, dessins, médailles et autres antiquités, dont il reste encore quelques fragmens incrustés dans les murs de la cour, de l'escalier et du portique du premier étage. Ce morceau est encore l'ouvrage de l'ingénieux et fécond *Baldassare Peruzzi*.

PLANCHE 29.

vis-à-vis le N° 557. Élévation d'une maison sise rue *Giulia*, près Saint-Jean-des-Florentins, du côté opposé au Tibre, et presqu'en face du palais *Sacchetti*. Cette petite façade est remarquable par la grace et la simplicité de ses détails, ainsi que par l'extrême pureté de son exécution ; ce qui nous fait conjecturer qu'elle peut être de *Vignola*. La planche 58 offre les profils en grand de la porte et de l'une des croisées du rez-de-chaussée.

vers le N° 527. Élévation d'une maison près la place *Fiammetta*, rue *della Maschera d'Oro*. Celle-ci surpasse encore la précédente par l'élégance de ses proportions. Le bel espacement des croisées, leur judicieuse graduation, et les refends du sous-bassement rappelés aux angles des étages supérieurs, donnent à l'ensemble le coup-d'œil d'unité et de solidité nécessaires.

N° 822. Élévation d'un palais sis en face de la poste de Venise, rue *delle Copelle* (1). Bâti du temps de Léon X, par *Messer Melchiore Baldassini d'Iesi*, sur les

(1) C'est par erreur que, dans quelques exemplaires des planches, ce palais a été indiqué comme situé dans le *Vicolo de' Pastini*.

dessins d'*Antonio da Sangallo*, et successivement habité par le cardinal *Roma* et les *Mellini*, ce palais appartient aujourd'hui à la famille des comtes *Palma*. « Quoique d'une médiocre étendue, dit *Vasari*, il est, avec raison, regardé » comme l'un des plus commodes et des plus réguliers de Rome. La cour et ses » portiques, l'escalier, les portes, les cheminées et les autres détails sont exécutés » avec le plus grand soin. » Nous ajouterons que l'intérieur est décoré de peintures intéressantes, *par Perino del Vaga*, et qu'en tout c'est un des ouvrages qui font le plus d'honneur au talent de *Sangallo*. Plan de Nol

PLANCHE 30.

Plan d'un petit palais dans le *Vicolo della Pedacchia*, au bas du Capitole. Il a appartenu au célèbre *Pietro da Cortona*, peintre et architecte, qui le fit bâtir pour son habitation. L'élégance et la régularité du plan sont remarquables, ainsi que la disposition du jardin qui s'élève sur la croupe du mont Capitolin : les élévations, qui sont de l'ordre Dorique, ne sont pas aussi bien ; elles se ressentent du goût du temps. N° 916.

Plan du palais *degli Atti*, rue *Giulia*, près *Sant-Eligio degli Orefici ;* derrière et au-delà de la rue *dell' Armata*, est un petit jardin en terrasse donnant sur le Tibre. N° 692.

Plan au rez-de-chaussée d'une maison voisine de l'église de *Santa-Maria in Campitelli*. N° 989.

PLANCHE 31.

Vue du vestibule d'une maison sise rue *Felice*, près des quatre fontaines ; cette maison qui sert maintenant de commun au palais *Barberini*, a été bâtie pour les *Grimani* par *Vignola*, si l'on en juge par le caractère des détails de la façade : le portique que nous avons dessiné communique d'une manière commode, d'un côté aux appartemens du rez-de-chaussée, de l'autre à l'escalier, et par le milieu au jardin. N° 216.

SIXIÈME CAHIER.

PLANCHE 32.

Panneau d'ornemens dans le genre arabesque, tiré de la décoration d'une maison particulière.

PLANCHE 33.

Plan au rez-de-chaussée et façade sur la rue du palais *Negroni*, autrefois *Mattei*, rue *delle Botteghe oscure*, quartier de *S. Angelo*. Ce palais, élevé en 1564, par *Lodovico Mattei*, sur les dessins de *Bartolomeo Ammanati*, N° 1005.

Plan de Nolli. architecte et sculpteur florentin, a passé depuis aux *Negroni*, ensuite aux *Durazzo*, et enfin aux *Caetani* qui en sont aujourd'hui propriétaires. La marche du plan aussi simple que régulière, la belle proportion et la masse imposante de sa façade, la correction des profils, tout concourt à mettre cet ouvrage au rang des meilleurs qu'ait produits l'*Ammanati.*

PLANCHE 34.

N° 793. Plan du palais *Lanti*, place *de' Caprettari*, près *S.-Eustachio* : l'intérieur de la cour a été restauré par *Onorio Lunghi.*

N° 784. Plan d'une petite maison située entre le théâtre d'*Argentina* et l'église de *S.-Maria in Monterone.*

Plan et coupe d'une maison située entre la rue de *Parione* et l'église *della Pace*, près la place Navone. La voute du portique sur la cour est décorée de peintures arabesques, où l'on voit les signes du zodiaque exécutés d'une excellente manière par *Baldassare Peruzzi* ou *Giovanni da Udine*. On doit remarquer dans la coupe les demi-arceaux ou lunettes qui supportent un corridor découvert servant de communication aux pièces du premier étage, dans le fond de la cour.

PLANCHE 35.

N° 434. Elévation du palais *Ruspoli*, dans le cours, à l'angle de la rue *de' Condotti.* Cette façade, l'une des plus magnifiques qu'il y ait à Rome, fut élevée, ainsi que le palais en 1556, sur les dessins de *Bartolomeo Ammanati*, pour la famille *Ruccellai* de Florence : sous le pontificat de Grégoire XIII, le cardinal *Vrrico Caetani* l'ayant acquis, fit terminer la partie supérieure et poser l'entablement par *Bartolomeo Breccioli*; il fit aussi construire le superbe escalier qu'on y admire par *Martino Lunghi* le jeune. Depuis, ce palais a passé à la famille *Ruspoli*, qui en a fait achever la décoration intérieure et l'a enrichi de tableaux, bustes, statues et autres antiquités. On observe dans cette façade le bel effet des grandes lignes, la judicieuse distribution des étages, la belle ordonnance des croisées, le profil de l'entablement et l'harmonie des parties avec le tout. L'intérieur, quoique vaste, n'a de remarquable que l'escalier dont nous venons de parler; il est composé de quatre révolutions de vingt-huit marches chacune, en marbre blanc et d'un seul morceau de dix pieds de long sur deux pieds de large; l'exécution en est très-soignée, et c'est un des plus magnifiques ouvrages de ce genre.

PLANCHE 36.

N° 894. Plan au rez-de-chaussée du palais *Ginnasi*, rue *delle Botteghe oscure*, quartier *della Pigna.*

N° 987. Plan du palais *Capizucchi*, en face de l'église de *S. Maria in Campitelli*, bâti sur les dessins de *Giacomo della Porta.*

Plan d'une maison située près le *Panthéon*, entre ce temple et l'église de *S. Maria della Minerva*. Plan de Nolli.

Les élévations de ces trois palais, dont le plus ancien ne date guère que de 1600, n'ayant rien de remarquable, on s'est contenté d'en donner les plans qui présentent de la variété et des exemples de bonne distribution.

PLANCHE 37.

Vue d'un puits qui se voit au centre du cloître de *S. Pietro in Vincoli*. Ce cloître, N° 64.
ainsi que le palais qui lui est contigu, bâtis vers l'an 1500 par le cardinal *Giuliano della Rovere*, depuis Jules II, sur les dessins de *Giuliano da Sangallo*, peuvent donner une idée de l'état où se trouvoit l'architecture en Italie à la fin du XVeme siècle, époque regardée avec raison comme l'aurore de la renaissance du bon goût, qui bientôt après s'établit et se propagea par les talens de *Bramante*, *Sangallo*, *Peruzzi*, *Vignola*, *etc.* Les ornemens du puits ou plutôt de la citerne, que cette planche représente, ont été exécutés par le sculpteur *Simone Mosca*, sur les dessins d'*Antonio da Sangallo*, neveu de *Giuliano*. L'élégance de cet ajustement est digne d'attention et fournit une preuve de l'ingénieuse adresse avec laquelle les artistes italiens savent saisir, et tourner au profit de la décoration, les moyens de construction commandés par la nécessité.

SEPTIÈME CAHIER.

PLANCHE 38.

Vue d'une partie de la gallerie du palais *Farnese*, peinte à fresque par les Carraches. On a placé sur le devant les célèbres statues de l'Hercule et de la Flore, et dans le fond, le groupe de Zethus et Amphion, attachant leur sœur Dircé aux cornes d'un taureau furieux ; ces chefs-d'œuvre après avoir long-temps orné la cour de ce palais, viennent d'être transportés à Naples.

PLANCHE 39.

Plan au rez-de-chaussée du palais *Farnese*. C'est au cardinal Alexandre *Farnese*, N° 705.
depuis pape sous le nom de Paul III, que Rome moderne est redevable d'un édifice qui, par la régularité de son plan, la masse imposante de ses façades, la richesse et la fierté de ses détails, fait un de ses principaux ornemens. Dès l'an 1530, et n'étant encore que cardinal, Paul III avoit entrepris de reconstruire, sur les desseins d'*Antonio da Sangallo*, le palais qu'il possédoit à *Campo di Fiore*. Les travaux avançoient, et déja partie du premier rang des croisées de la façade, les salles du rez-de-chaussée et l'un des côtés de la cour étoient achevés ; lorsqu'en 1534, ayant été promu au pontificat, il comprit que ce n'étoit plus le palais d'un cardinal, mais celui d'un pape qu'il s'agissoit d'élever : *Sangallo*

Plan de Nolli. reçut ordre de faire à son premier plan les changemens et les addii tso que les circonstances exigeoient ; bientôt quelques masures voisines furent abattues, et la cour, l'escalier et les salles furent aggrandis en tout sens. Quand la principale façade fut montée à la hauteur du dernier étage, et qu'on fut prêt à poser l'entablement, le pape jaloux que le couronnement répondît à la grandeur de l'édifice, demanda des modèles aux plus célèbres artistes ; celui de *Michel-Ange* obtint la préférence, et l'exécution ayant parfaitement réussi, il fut chargé, après la mort de *Sangallo* arrivée en 1546, de la direction de tous les travaux. Ce fut alors qu'il construisit la grande fenêtre qui est au-dessus de la porte d'entrée, et qu'il éleva, dans l'intérieur de la cour, le troisième ordre décoré de pilastres corinthiens avec un entablement composite. *Vignole* eut aussi part à l'embellissement de ce palais ; l'ordre ionique de la cour et la façade du côté de la rue *Giulia*, commencés sur ses dessins, ont été terminés en 1575 par *Giacomo della Porta*, son élève : il a donné en outre les dessins de quelques-unes des portes, croisées et cheminées qui décorent l'intérieur. C'est ainsi que cet édifice, destiné d'abord à l'habitation d'une famille, est devenu successivement, par les talens réunis des architectes habiles qui l'ont élevé, et par les chefs-d'œuvre de peinture et de sculpture dont il a été orné, un magnifique musée où les artistes de tous les pays viennent chercher des leçons et des modèles.

PLANCHE 40.

N°. 705. Elévation du palais *Farnese* du côté de la place. Cette façade, construite en briques, et dont tous les membres d'architecture sont en travertin, est entièrement d'*Antonio da Sangallo*, à l'exception de la croisée du milieu au premier étage, et du grand entablement, qui sont l'ouvrage de *Michel-Ange*.

PLANCHE 41.

N°. 705. Coupe du palais *Farnese* sur la cour, avec les portiques dont elle est entourée. L'ordre dorique du rez-de-chaussée a été élevé par *Antonio da Sangallo*, et l'ordre ionique du premier étage par *Vignole*. Au-dessus est un autre étage ajouté par *Michel-Ange* : nous avons cru pouvoir nous dispenser de le donner, parce qu'il est peu d'accord avec les deux autres. Les croisées du rez-de-chaussée, sous les portiques, sont rétrécies par le haut, selon les préceptes de Vitruve, dont *Sangallo* étoit sectateur zélé, comme on peut le voir planche 9. Cette pratique bizarre n'a pu être justifiée, même chez les anciens, que par la facilité qu'elle donnoit aux venteaux de la porte de se refermer d'eux-mêmes, et par la nécessité de diminuer, autant que possible, la portée du linteau qu'ils avoient coutume de faire d'un seul bloc. Au-dessus de la coupe, sont les profils et les développemens tant des chapiteaux que des entablemens des deux ordres dorique et ionique : les trophées, festons et mascarons dont les frises sont ornées, ont été ajoutés par *Michel-Ange*, lorsqu'après la mort de *Sangallo*, il prit la conduite des travaux de ce palais.

Plan de Nolli.

PLANCHE 42.

Croisée du rez-de-chaussée de la façade du palais *Farnese* vers la place ; elle est d'*Antonio da Sangallo*. N°. 705.

Porte sur le palier de l'escalier au premier étage, exécutée par *Vignole*, pour le cardinal *Ranutio Farnese*, ainsi que le témoigne l'inscription de sa frise.

Croisée du premier étage de la façade sur la place : elle est d'*Antonio da Sangallo*, et comme les précédentes, elle est exécutée en travertin sur un fond de briques.

PLANCHE 43.

Vue du vestibule d'entrée du palais *Farnese* du côté de la place, élevé par *Antonio da Sangallo*. Douze belles colonnes de granit et d'un seul bloc, le divisent en trois parties, et supportent à-la-fois les plafonds latéraux et le berceau du milieu. Les ornemens de stuc qui les décorent ont été exécutés sous la direction de *Michel-Ange*, et dans le goût de ceux que l'on observe dans les ruines de la *Villa Adriana* et autres édifices antiques. N°. 705.

HUITIÈME CAHIER.

PLANCHE 44.

Chapiteaux, vases, autels, bustes et fragmens antiques, tirés du palais *Lanti* et autres lieux.

PLANCHE 45.

Plan au rez-de-chaussée et coupe sur la cour du palais *Buon-Compagni*, sur la place de *Sora*, près la *Chiesa nuova*. Ce palais, connu aujourd'hui sous le nom de palais *Sora*, a été élevé en 1505, pour le cardinal *Nicolò Fieschi*, des comtes de *Lavagna* ; depuis il a passé à la famille des *Savelli*, et ensuite à celle des *Buon-Compagni*, ducs de *Sora*, princes de *Piombino*, qui le possède présentement. On attribue généralement le dessin de ce palais au *Bramante*, et quoique les écrivains de sa vie n'en parlent pas, nous adoptons cette opinion d'autant plus volontiers, que malgré les additions et les restaurations modernes qui le défigurent, on y reconnoît par-tout l'empreinte de la main qui a élevé le palais *Giraud* et celui de la chancellerie, dont nous donnons les desseins planches 15 et 76 de ce recueil. N° 651.

PLANCHE 46.

Façade sur la rue du Palais *Buon-Compagni* ou *Sora*, bâti par le *Bramante* en 1505, dont le plan se voit dans la planche précédente.

Plan de Nolli.

PLANCHE 47.

près le N° 937. Élévation d'une maison située dans le jardin *Fini*, près le Colisée, dans la rue qui conduit de ce monument à l'église de St.-Jean-de-Latran.

N° 361. Élévation latérale de l'hospice *della Mercede*, des religieux espagnols de la Merci, près l'église de *S. Andrea delle Fratte*. Urbain VIII leur ayant accordé cette église en 1627, le cardinal *Borgia* la fit reconstruire vers 1640.

PLANCHE 48.

N° 339. Plan au rez-de-chaussée du palais *della Curia Innocenziana*, sur la place de *Monte Citorio*. Commencé vers 1650, sous le pontificat de Innocent X, pour le prince *Ludovisi*, et sur les dessins du *Bernin*, cet édifice resta long-temps imparfait, jusqu'à ce que Innocent XII, l'ayant acheté en 1697, le fit terminer par *Carlo Fontana*, pour y réunir les tribunaux de Rome. La disposition du rez-de-chaussée, dont la cour est terminée par une fontaine, est très-belle; il comprend les archives, les bureaux des notaires et ceux des huissiers : les étages supérieurs renferment diverses salles d'audience avec leurs dépendances et les logemens des principaux magistrats. Les élévations n'ont de remarquable que leur vaste étendue.

PLANCHE 49.

près le N° 1288. Vue d'une fontaine placée derrière le palais du *Vatican*, dans la cour *della Panneteria*. A gauche, on voit le commencement de la galerie élevée sous Paul V, qui forme le côté oriental de la grande cour du *Belvedère*, et à droite, le flanc extérieur de la chapelle Sixtine, bâtie par Sixte IV.

NEUVIÈME CAHIER.

PLANCHE 50.

Fragmens tirés des palais et autres édifices de Rome. La frise qui représente une Victoire assise sur des trophées, est dessinée d'après une peinture en grisaille de *Polidoro*; et la chaise antique qui est sur le devant, est celle de la statue en bronze de Saint-Pierre que l'on voit dans la nef de cette église.

PLANCHE 51.

N° 799. Plan du collége *della Sapienza*, auprès de la place *Navona*. Cet établissement, qui répond à celui du *collége de France* à Paris, est le plus magnifique de ce genre qu'il y ait à Rome, et réunit tous les moyens nécessaires à l'étude du droit, des sciences et des lettres. Son origine date du milieu du XIIIe siècle, mais la construction des bâtimens actuels ne remonte guère qu'au commencement du XVIe, c'est-à-dire, aux pontificats de Sixte IV, Pie III et Jules II, dont les noms et les armes se voient encore sur quelques portes. Léon X, qui en augmenta l'étendue sur les dessins de *Michel-Ange*, en est regardé comme le fondateur; mais sa mort ayant arrêté les travaux, ils restèrent suspendus jusqu'au pontificat de Grégoire XIII, qui, en 1575, commença le portique de la cour sur les dessins de *Giacomo della Porta*. Sixte V le continua et termina la façade occidentale du côté de St. Jacques des Espagnols. Clément VIII et Paul V élevèrent les ailes du nord et du midi. Urbain VIII donna la direction des travaux au *Borromini*, qui agrandit le premier plan, acheva la façade septentrionale, et commença la chapelle, au plan de laquelle, par une puérile allusion aux armes des *Barberini*, il donna la forme d'une *Abeille*. Innocent X éleva la coupole; enfin, en 1660, Alexandre VII mit la dernière main à l'édifice, en terminant la décoration intérieure de la chapelle, ainsi que la façade orientale de l'édifice, vers l'église de *S. Eustachio*. Plan de Nolli.

PLANCHE 52.

Élévation extérieure du collége *della Sapienza* du côté de l'église de St. Jacques des Espagnols, bâtie sous Sixte V par *Giacomo della Porta*, entre les années 1585 et 1590. N° 799.

PLANCHE 53.

Coupe du collége *della Sapienza* sur le côté de la Cour opposé à la chapelle. Les deux portiques dorique et ionique sont de *Giacomo della Porta*, l'étage supérieur est du *Borromini*. N° 799.

PLANCHE 54.

Élévation du palais de Venise, rue du Cours, à l'endroit dit *la Ripresa de' barbari*. Paul II, *Nicolò Barbo* de Venise, n'étant encore que cardinal, commença ce vaste édifice sur les dessins de *Giuliano da Majano*, architecte et sculpteur florentin : devenu pape en 1464, il le fit continuer et agrandir; puis en 1468, il restaura l'église contiguë de *S. Marco*, à laquelle il ajouta le portique, que *Vasari* regarde comme le meilleur ouvrage de *Giuliano*. Les successeurs de Paul II en ont fait leur habitation d'été, jusqu'à ce que Pie IV le donna à la République de Venise pour loger ses ambassadeurs, qui, depuis lors, n'ont cessé d'y résider. L'extérieur de ce colossal édifice est des plus imposans; la grandeur de ses divisions, l'espacement et la rareté des ouvertures du rez-de-chaussée, les arceaux qui supportent le balcon saillant du second étage, et la ligne de créneaux qui couronne toute la masse, lui donnent un caractère de forteresse qui tient aux mœurs du temps, mais dont la sévérité se trouve modifiée par une finesse dans les profils, qui annonce déja la renaissance du bon goût. N° 903.

Plan de Nolli.

PLANCHE 55.

N° 1252. Vue d'un puits qui se voit dans le couvent des Pères Pénitenciers de l'église de St. Pierre, rue de *Borgo nuovo*. Placé au fond de la cour, et adossé à un mur de terrasse qui soutient un jardin supérieur, ce puits est disposé de manière à servir également à l'une et à l'autre. Son ordonnance et ses détails sont tout-à-fait dans le style de *Baccio Pintelli*, architecte florentin, qui florissoit à Rome du temps de Sixte IV, vers l'an 1475.

DIXIÈME CAHIER.

PLANCHE 56.

Ornemens des voûtes et plafonds du palais *Massimi delle Colonne*, exécutés en stuc sur les dessins de *Baldassare Peruzzi*. Au bas de la planche est un chapiteau antique, conservé dans ce palais, et que l'on dit avoir appartenu à un temple de Mars.

PLANCHE 57.

N° 623. Élévation du palais *Lancellotti* (1), à l'une des extrémités de la place *Navona*; il a été bâti en 1560, pour la famille *Torrès*, sur les dessins de *Pirro Ligorio*, peintre, architecte et antiquaire célèbre.

près le N° 1251. Élévation d'une maison, rue de *Borgo nuovo*, près la place de St. Pierre. C'est le palais *Colonna*, ci-devant *Costa*, ouvrage de *Baldassare Peruzzi*.

PLANCHE 58.

Détails et profils en grand de la porte et de l'une des croisées au rez-de-chaussée d'une maison sise rue *Giulia*, près de St. Jean des Florentins : on en peut voir la façade, planche 29.

Élévation et profils de deux portes qui se voient au rez-de-chaussée du palais *della Valle*, dont nous avons représenté la cour, planche 6.

PLANCHE 59.

N° 625. Plan et coupe sur la longueur du palais *Massimi delle Colonne*, rue *della Valle*, bâti en 1532, par *Baldassare Peruzzi*. C'est, sans contredit, la production la plus ingénieuse de cet habile artiste, et qui seule auroit suffi pour établir sa réputation, si d'ailleurs elle n'eût été fondée sur le succès d'ouvrages très-im-

(1) C'est par erreur que, dans quelques exemplaires des planches, ce palais porte le nom d'*Ornani*.

portans. Nulle part en effet il n'a déployé plus de talens pour distribuer avantageusement un terrain resserré et irrégulier; nulle part il n'a décoré avec plus de goût et d'élégance; par-tout brille un sentiment exquis des convenances; et les taches légères que l'on peut y remarquer doivent moins lui être imputées, qu'à celui qui, après sa mort, fut chargé de la continuation des travaux, car il ne vécut pas assez pour les voir entièrement terminés. Plan de Nolli.

PLANCHE 60.

Élévation du côté de la rue, et coupe sur la cour du palais *Massimi*, dont le plan se voit dans la planche précédente. C'est ici le lieu d'observer avec quelle habileté, profitant de l'irrégularité même du terrain, et adoptant sa forme curviligne, *Baldassare Peruzzi* a su développer du côté de l'entrée une façade aussi imposante par sa masse, que par la richesse de son ordonnance. No 625.

PLANCHE 61.

Vue de la cour du palais *Massimi;* elle présente à la fois les portiques doriques du rez-de-chaussée avec les ornemens en stuc de leurs voûtes, le passage qui conduit au vestibule d'entrée, et la galerie ionique du premier étage, dont les plafonds en bois sont richement sculptés. Cette vue étoit nécessaire pour donner à nos lecteurs une idée, au moins légère, de l'effet que produit le développement et le jeu des diverses parties de cet édifice, distribué et décoré avec autant de goût que de jugement : il est tel cet effet, que le spectateur enchanté se croit transporté au milieu d'une habitation de Rome antique; et la vue de cet agréable tableau l'attache au point qu'il ne s'en éloigne qu'à regret, et avec le desir d'y revenir bientôt. N° 625.

ONZIÈME CAHIER.

PLANCHE 62.

Frises, autels, candelabres, cinéraires et autres antiquités tirées de divers endroits. La frise dans laquelle on voit une corbeille de raisin entre deux tigres, est à *Tivoli;* l'autel circulaire et le candelabre sont dans les jardins du collége de l'Apollinaire, près la place *Navona*.

PLANCHE 63.

Plan au rez-de-chaussée du palais pontifical de *Monte Cavallo*. C'est le pape Paul III qui, pour jouir d'un air plus salubre, et passer les chaleurs de l'été, éleva le premier, vers l'an 1540, une modeste habitation sur le mont Quirinal. Elle fut augmentée par Grégoire XIII, qui, ayant acheté des ducs d'*Este* un grand N° 250.

Plan de Nolli. jardin qu'ils possédoient en ce lieu, fit élever par *Ottaviano Mascherino* le corps de logis du fond de la cour, lequel comprend au rez-de-chaussée un vestibule ouvert, un escalier ovale dont la rampe est supportée par des colonnes, et au premier étage l'appartement du pape. Sixte V, et son successeur Clément VIII firent ajouter, par *Domenico Fontana*, le portique formant l'aile gauche de la cour du côté de la place, et commencer le bâtiment qui s'étend sur la rue *Pia*. Enfin Paul V compléta la cour en faisant construire, sur les dessins de *Flaminio Pontio*, l'aile droite renfermant le grand escalier à doubles rampes, et sur ceux de *Carlo Maderno*, la chapelle du premier étage, la grande salle qui la précède, et les appartemens contigus. Les autres dépendances, qui se prolongent sur la rue *Pia*, ont été successivement ajoutées par Urbain VIII et Alexandre VII, sur les dessins de *Lorenzo Bernini*, et ensuite par Innocent XIII et Clément XII, sur ceux de *Ferdinando Fuga*.

PLANCHE 64.

N° 250. Elévation du palais pontifical de *Monte Cavallo*, du côté de la rue *Pia*. Cette façade, commencée sous Sixte V, sur les dessins de *Domenico Fontana*, a été terminée sous Paul V par *Carlo Maderno*.

PLANCHE 65.

N° 250. Coupe, sur la longueur, de la cour du palais pontifical de *Monte Cavallo*. Toute cette aile a été exécutée sous le pontificat de Paul V par *Flaminio Pontio*, qui, pour le portique, a judicieusement suivi l'ordonnance dorique déja employée par *Ottaviano Mascherino* au bâtiment du fond de la cour. Le grand escalier à doubles rampes et les croisées du premier étage sont aussi de *Flaminio Pontio*. Les portiques qui entourent cette cour ont assez de largeur pour qu'on puisse y entrer en carrosse et descendre à couvert; avantage trop négligé en France, même dans les plus beaux palais.

PLANCHE 66.

N° 250. Coupe, sur la largeur, de la cour du palais de *Monte Cavallo*. Cette partie, qui contient l'habitation du pape, a été bâtie par Grégoire XIII, sur les dessins d'*Ottaviano Mascherino*. C'est le plus ancien de tous les bâtimens qui composent ce vaste palais, auquel il a servi comme de noyau. La tour qui le couronne, dite la tour de l'Horloge, ou *Torre de' venti*, a été élevée par *Martino Lunghi*, le vieux.

PLANCHE 67.

N° 523. Intérieur de la cour du palais *Lancellotti*, rue *de' Coronari*. Ce palais, commencé, du temps de Sixte V, sur les dessins de *Francesco da Volterra*, a été terminé et décoré par *Carlo Maderno*, qui a aussi élevé la façade sur la rue, dont la porte est du *Dominiquin*. Cette cour est remarquable par la disposition pittoresque de ses portiques, et par le goût avec lequel y sont distribuées les antiquités dont elle est ornée. Plan de Nolli.

DOUZIÈME CAHIER.

PLANCHE 68.

Vases, chapiteaux, frises, autels, bustes et autres fragmens tirés de différens édifices. Le bas-relief, représentant des combats de Centaures, est exécuté en stuc, par *Giulio Mazzoni*, dans la cour du palais *Spada* (Voyez la planche 70). Le buste du centre se voit à l'arc de Constantin; et la frise, ornée d'un candelabre auquel pendent des festons, est au Panthéon.

PLANCHE 69.

Plan du palais *Spada*, près du palais *Farnese*, bâti sous le pontificat de Paul III, N° 715.
par le cardinal *Girolamo Capo di ferro*, sur les dessins de *Giulio Mazzoni* de Plaisance, élève de Daniel de Volterre (1). Il a passé ensuite à la famille des *Mignanelli*, puis en 1632 au cardinal *Bernardino Spada*, qui l'a fait restaurer et décorer par *Francesco Borromini*.

PLANCHE 70.

Elévation du palais *Spada*, dont la planche précédente offre le plan. Entre les façades des palais de Rome, celle-ci se fait remarquer par la richesse de ses ornemens, qui sont répandus en abondance, mais avec art et sans confusion; ils ont été exécutés en stuc par *Giulio Mazzoni*.

Coupe sur la cour du même palais : les métopes de l'ordre dorique qui la décorent, le bas-relief représentant des combats de centaures, ainsi que les frises de l'étage supérieur, sont aussi de *Giulio Mazzoni;* on peut voir (planche 68) un fragment dessiné en grand du bas-relief des centaures.

PLANCHE 71.

Porte d'un palais situé près l'église du *Gesù*, dans la rue qui conduit de cette vers le
église à celle *della Minerva*. La belle proportion de cette porte et de son cham- N° 860.

(1) En attribuant ce palais à *Giulio Mazzoni*, nous suivons l'autorité de *Pietro Ferrerio*, *Palazzi di Roma*, liv. I, planche 32, et de *Filippo Titi*, *descrizione delle Pitture di Roma*, page 106. Mais nous devons observer que *Vasari*, dont *Giulio* avoit été l'élève, ne dit pas positivement qu'il ait été l'architecte de ce palais, et semble ne lui attribuer que les ornemens en stuc qui le décorent, tant dans l'intérieur qu'à l'extérieur.

Plan de Nolli. branle, le choix des ornemens qui y sont taillés, le style de la frise et sa précieuse exécution en marbre blanc, doivent faire mettre ce morceau au rang des imitations les plus heureuses de l'antique, et des plus exquises productions de l'époque de la renaissance des arts.

PLANCHE 72.

Nos 846 et 847. Plan du collége romain et de l'église de Saint Ignace. Ce vaste édifice, érigé pour les Jésuites, et consacré par Grégoire XIII, *Religioni et bonis artibus*, fut commencé en 1582 par *Bartolomeo Ammanati*; mais son dessin ne fut pas exécuté en entier; on n'en conserva que la façade d'entrée, vers le palais *Doria*, et la belle cour carrée, entourée d'un double portique ionique et corinthien, qui communique aux classes et autres salles nécessaires à l'enseignement. Le reste de la distribution intérieure, qui comprenoit l'habitation des Jésuites, a été totalement changé. Quant à l'église contiguë de S. Ignace, elle a été commencée en 1626, par ordre du cardinal *Ludovisi*, neveu de Grégoire XV, sous la conduite du père *Orazio Grassi* jésuite, qui, d'après plusieurs dessins présentés par le *Dominiquin*, composa celui que l'on voit exécuté. La façade est d'*Alessandro Algardi*, sculpteur et architecte de Bologne.

PLANCHE 73.

N° 1004. Vue de la cour du palais *Mattei*, près *Santa Catarina de' Funari*. Ce palais, construit pour *Asdrubale Mattei*, est bien disposé, et fait honneur à *Carlo Maderno*, dont il est le meilleur ouvrage : les vestibules, les murs de la cour, ceux de l'escalier et des galeries supérieures sont couverts de statues, de bas-reliefs, d'inscriptions et autres antiquités, qui forment une décoration de la plus grande magnificence.

TREIZIÈME CAHIER.

PLANCHE 74.

Plafond de l'une des salles du palais de la *chancellerie*, dont les plans, coupes, élévations et détails se voient aux planches suivantes. Cette salle, qui est au premier étage sur le jardin, a son plafond décoré d'ornemens arabesques, entremêlés de bas-reliefs en stuc et de figures peintes sur des fonds d'or; le tout exécuté par *Baldassare Peruzzi*. La ressemblance de ces peintures avec celles exécutées par *Baldassare* dans la salle de la Galathée à la *Farnesina*, et le témoignage de *Vasari*, qui atteste que cet artiste a peint quelques pièces dans le palais de la chancellerie, ne permettent pas d'hésiter à les lui attribuer.

PLANCHE 75.

Plan de Nolli.

Plan du palais de la *chancellerie* et de l'église de *S. Lorenzo in Damaso*, près le palais *Farnese*. Ce palais, l'un des plus vastes et des plus magnifiques de Rome, sert, depuis Clément VII, à la résidence de la chancellerie apostolique et du vice-chancelier. Le cardinal *Lodovico Mezzarota* de Padoue, camerlingue du Saint-Siége, l'avoit fait réparer à grands frais en 1435; mais bientôt après, le bâtiment menaçant encore ruine, le cardinal *Rafaelle Riario* de Savonne, neveu de Sixte IV, le fit reconstruire en entier vers l'an 1495, d'après les plans de *Bramante Lazzari*; et comme, pour cette opération, il avoit été nécessaire d'abattre l'ancienne Basilique de *S. Lorenzo*, fondée l'an 384 par le pape S. Damase, le *Bramante* en la réédifiant sur un nouveau plan, eut l'habileté de la lier à celui du palais, et de renfermer l'une et l'autre sous une même façade, afin de donner à la totalité de l'édifice plus d'étendue et un aspect plus imposant. Nos 647 et 645.

PLANCHE 76.

Élévation du palais de la *chancellerie*, dont le plan se voit à la planche précédente. Bâtie en 1495, ainsi que le témoigne l'inscription qui se lit dans la frise du premier étage, cette façade est un des premiers ouvrages auxquels, lors de son arrivée à Rome, le *Bramante* ait cherché à appliquer le résultat de ses études sur les monumens antiques. Sous ce rapport, elle marque dans l'histoire de ce restaurateur de l'art; et l'époque à laquelle elle a été élevée commande à la fois l'admiration pour son génie, et l'indulgence pour les fautes légères échappées sans doute à la timide circonspection avec laquelle il marchoit encore dans la route qu'il venoit de se frayer. Pour rompre la trop grande uniformité de cette immense façade, le *Bramante* a imaginé de former à ses extrémités deux ressauts ou avant-corps; premier exemple d'une pratique qui depuis a donné lieu à de grands abus. Les portes sont d'une époque postérieure: la principale, qui est ornée de colonnes doriques en marbre, a été construite par *Domenico Fontana*, lorsque le cardinal *Alessandro Montalto*, neveu de Sixte V, fut nommé à la place de vice-chancelier; celle qui est à droite, et sert d'entrée à l'église de *San Lorenzo in Damaso*, est de *Vignola*, qui la fit par ordre du cardinal *Alessandro Farnese*: on en peut voir le détail en grand, planche 78. Nos 647 et 645.

PLANCHE 77.

Coupe sur la cour du palais de la *chancellerie*. Sa belle proportion et la magnifique ordonnance des doubles portiques qui la ceignent, tant au rez-de-chaussée qu'au premier étage, lui donnent un aspect imposant. Les colonnes qui les supportent, au nombre de 44, sont de granit rouge oriental, d'un seul bloc; elles ont été tirées de l'ancienne Basilique de *S. Lorenzo*, qui fut démolie lors Nos 647 et 645.

Plan de Nolli. de la reconstruction du palais ; et antérieurement elles appartenoient, dit-on, au portique de *Pompée*, qui n'étoit pas éloigné. L'étage supérieur est plein, et décoré de simples pilastres d'ordre corinthien ; ils sont espacés également, et correspondent à ceux du dernier étage de la façade. La porte qui est au fond de la cour, au milieu du portique du premier étage, est de *Vignola*, qui fut chargé par le cardinal *Alessandro Farnese* de terminer différens détails qui n'étoient pas achevés.

PLANCHE 78.

Nos 647 et 645. Élévation et profil en grand de la porte de *S. Lorenzo in Damaso*, indiquée en petit dans la façade du palais de la *chancellerie*, planche 76. C'est le cardinal *Alessandro Farnese*, vice-chancelier, et depuis pape sous le nom de Paul III, qui la fit exécuter sur les dessins de *Vignola*. Sa belle proportion et la pureté de ses détails l'ont toujours fait regarder comme un des meilleurs modèles en ce genre.

PLANCHE 79.

Vue de la cour du palais de la *chancellerie* et des portiques qui l'entourent. Ils sont formés par des colonnes antiques de granit rouge oriental, d'un seul bloc et au nombre de 44, non compris les huit pilastres des angles, qui sont aussi de granit.

QUATORZIÈME CAHIER.

PLANCHE 80.

Vue d'un portique orné de statues, vases, trépieds, candelabres, frises et autres fragmens, tirés pour la plupat du palais *Barberini*. Le lion est celui qui se voit exécuté de grandeur naturelle et en bas-relief au haut du grand escalier, et le feston supporté par deux aigles décore le milieu de la façade du côté du jardin.

PLANCHE 81.

No 215. Plan du palais *Barberini*, rue *Felice*. Quoique ce palais ait été commencé sur les dessins de *Carlo Maderno* ; cependant le *Bernini* a eu une si grande part à sa construction, les changemens et les additions qu'il y a faits sont si considérables, qu'on peut le regarder comme son ouvrage. C'est le cardinal *Francesco Barberini*, neveu d'Urbain VIII, qui, sous le pontificat de son oncle, le fit élever sur l'emplacement du casin et des jardins des ducs *Sforza ;* il fut terminé en 1630. Ce que l'on admire le plus dans ce plan, est l'art avec lequel est distribué le portique qui règne sous le rez-de-chaussée et l'arrière-corps du milieu : il va en se rétrécissant graduellement vers le fond, jusqu'à une arcade à travers laquelle on aperçoit les jardins, auxquels on monte par une rampe magnifique ; perspective qui se termine dans le lointain par une fontaine ornée d'une statue colossale d'Apollon. Plan de Nolli.

PLANCHE 82.

Élévation du palais *Barberini*, du côté de la rue *Felice*. Elle est composée de trois corps de logis, dont deux en ailes, formant avant-corps, et le troisième au centre en arrière-corps, décoré des ordres dorique, ionique et corinthien : cette façade est en entier du *Bernini*, à l'exception des deux fenêtres surmontées de mezzanines qui flanquent l'arrière-corps et le séparent des ailes, lesquelles sont attribuées au *Borromini*.

PLANCHE 83.

Plan au rez-de-chaussée et élévation d'une petite maison située hors de la porte du Peuple, à main droite, en allant à *Ponte-Molle*, au-dessus de l'église de *S. Andrea*. La simplicité, la grace et l'harmonie qui règnent dans ce petit bâtiment nous le font regarder comme l'ouvrage d'un habile maître, digne d'avoir place dans ce recueil.

PLANCHE 84.

Plan du palais *Corsini*, rue *della Longara*. Il appartenoit autrefois aux *Riari*, N° 1210.
parens de Sixte IV ; depuis il a été habité par la reine Christine de Suède pendant le séjour qu'elle fit à Rome : ensuite le cardinal *Neri Corsini*, neveu de Clément XII, l'ayant acheté, le fit rebâtir en partie, et l'augmenta considérablement d'après les dessins de *Ferdinando Fuga*, qui, par la belle disposition qu'il lui a donnée, l'a rendu l'un des plus magnifiques et des plus imposans de Rome. Le style des élévations ne répondant pas au mérite du plan, nous nous sommes dispensés de les donner.

PLANCHE 85.

Vue du grand escalier du palais *Corsini*. On entre par trois grandes portes dans un spacieux vestibule : celle du milieu a pour point de vue un casin placé à mi-côte dans les jardins qui s'élèvent sur le mont *Janicule*; et les deux autres conduisent à un magnifique escalier à doubles rampes, par lesquelles on monte aux grands appartemens, qui, outre une immense bibliothèque et une belle galerie de tableaux, renferment la collection d'estampes la plus précieuse et la plus complète qui existe en Italie.

QUINZIÈME CAHIER.

PLANCHE 86.

Vue d'une galerie décorée en arabesques et en stucs, dans le goût des *loges*

Plan de Nolli. *du Vatican*. Parmi les fragmens qui sont sur le devant, on distingue un candélabre et une frise tirés du Vatican ; et en haut, dans le médaillon du centre, on a placé le portrait de *Baccio Bandinelli*, célèbre sculpteur florentin.

PLANCHE 87.

N° 451. Plan du palais *Borghese*, près le port de *Ripetta*. Commencé en 1590, par le cardinal *Dezza* Espagnol, sur les dessins de *Martino Lunghi*, dit le Vieux, ce palais fut acheté par le cardinal *Borghese* qui, devenu pape sous le nom de Paul V, le fit augmenter et terminer par *Flaminio Pontio* : c'est ce dernier artiste qui ajouta l'aile immense, laquelle formant un angle avec le corps régulier qu'avoit élevé *Lunghi*, et se prolongeant en pointe vers le port de *Ripetta*, donne à l'ensemble du plan la bizarre figure d'un clavecin. L'escalier ovale est remarquable en ce qu'il est à une seule rampe en spirale, soutenue par des colonnes, à l'imitation de celui précédemment exécuté par le *Bramante* au *Belvedere* du Vatican.

PLANCHE 88.

Coupe en travers de la cour du palais *Borghese*, dont le plan est dans la planche précédente. Parmi les ouvrages de l'habile architecte *Martino Lunghi*, cette cour se distingue par la régularité de son ordonnance, la grandeur de ses divisions, et sur-tout par la magnificence du double rang de portiques qui en ceignent le pourtour. Cent colonnes antiques, d'un seul bloc de granit, reçoivent sur leurs entablemens la retombée des arcades, et produisent le plus grand effet, sur-tout du côté du jardin où, les portiques étant ouverts, elles se dessinent sur le ciel de la manière la plus pittoresque.

PLANCHE 89.

Maison ou casin, dit *la Vigna di papa Giulio*, bâti par *Baldassare Peruzzi*, auprès de l'église de *S. Andrea*, sur la route qui va de la porte du Peuple à *Ponte-Molle* ; après avoir changé plusieurs fois de maître, il appartient aujourd'hui à la maison *Colonna* qui laisse dans un coupable abandon cette estimable production d'un habile artiste.

près le N° 450. Elévation d'une maison particulière située sur la place du palais *Borghese*, rue *de' Condotti*.

PLANCHE 90.

N° 606. Porte de l'église de *S. Giacomo de' Spagnuoli*, du côté du collége *della Sapienza*. L'époque du pontificat d'Alexandre VI, sous lequel cette église fut restaurée, et plus encore le caractère frappant de ressemblance que l'on remarque entre cette belle porte et celles exécutées par *Baccio Pintelli* à la chapelle Sixtine et aux églises de *S. Agostino*, *S. Maria del Popolo* et *S. Pietro in Montorio*

(voyez la planche 98), ne permettent pas de douter que celle-ci ne soit aussi son ouvrage. Les festons de verdure entrelacés de bandelettes d'or, auxquels l'image de St. Jacques est suspendue, donnent une idée de la manière aussi simple qu'élégante dont, aux jours de fêtes, les Romains décorent l'entrée de leurs temples. Plan de Nolli.

PLANCHE 91.

Vue de la nouvelle entrée du *Muséum du Vatican*, du côté de la bibliothèque, telle qu'elle étoit en 1790. On arrive à ce vestibule par un grand escalier en marbre, dont la voûte est portée par des colonnes de granit antique entre lesquelles règne une balustrade en bronze. Les quatre colonnes du premier plan sont de granit rouge oriental, et les deux Sphinx de granit égyptien. La porte du fond est sur-tout remarquable par sa magnificence; son chambranle, composé de trois blocs seulement, est de granit rouge oriental, ainsi que les deux figures colossales, les cippes qui les supportent, et la frise dans laquelle se trouve l'inscription, *Musaeum Pium*; le tout est rehaussé par de riches ornemens en bronze doré. Cette superbe décoration, commencée par ordre de Pie VI, sur les dessins de *Michel-Angelo Simonetti*, a été terminée en 1790, par *Pietro Camporesi*, architecte vivant.

SEIZIÈME CAHIER.

PLANCHE 92.

Vue de l'intérieur d'une église disposée à l'instar des premières Basiliques chrétiennes, avec le maître-autel isolé au centre de la *Tribune*, la *Confession* au-dessous, et les deux *Ambons* ou *Pupitres* où se lisoient l'épître et l'évangile; le tout décoré de peintures en mosaïque, de mausolées, de candélabres et autres monumens dans le goût du temps; le grand candélabre qui est à gauche, se voit dans la basilique St.-Paul hors des murs.

PLANCHE 93.

Plan du couvent et de l'église de *San Clemente*, entre le Colisée et St.-Jean- N° 30.
de-Latran; cette église, l'une des plus anciennes de Rome, a été bâtie dans le lieu qu'occupoit la maison paternelle du pape St.-Clément. Malgré les diverses restaurations qu'elle a subies, sa disposition intérieure, témoignage de sa vénérable antiquité, a été si religieusement conservée, qu'elle suffit presque seule pour donner une idée des premières Basiliques des chrétiens; et sous ce rapport, elle mérite que nous en donnions ici une description abrégée.

Un portail soutenu par quatre colonnes de granit avec des chapiteaux ioniques, introduit dans un *Atrium*, ou cour entourée de colonnes aussi de granit; c'est sous ces portiques que les pénitens à genoux attendoient l'absolution de leurs péchés: de cette cour on entre dans l'*église* dont la forme est un parallélogramme divisé sur sa largeur en trois nefs, par deux files de colonnes antiques et de

Plan de Nolli. différens marbres. L'extrémité de la nef du milieu, terminée en hémicycle, est occupée par le *Sanctuaire* autour duquel sont disposés les bancs des prêtres avec le siége épiscopal. Au centre s'élève le *Maître-autel*, et en avant est le *Chœur*, séparé de la nef par une enceinte de marbre à hauteur d'appui; c'est là que se plaçoient les sous-diacres, les clercs et les chantres. A gauche du chœur est l'*Ambon* ou pupitre en marbre qui servoit à la lecture de l'évangile, et à droite celui où se lisoit l'épître. Les *bas-côtés* étoient occupés par le peuple; savoir, celui de gauche par les hommes, et celui de droite par les femmes. Enfin dans la partie inférieure de l'église se plaçoient séparément les cathécumènes et les pénitens des deux sexes.

La dernière restauration de cette église a été faite sous Clément XI, par *Carlo Stefano Fontana*, qui a rétabli aussi le monastère contigu des religieux Dominicains auxquels, depuis Urbain VIII, cette église appartient.

PLANCHE 94.

N° 1061. Plan de l'église *de' S. S. Nereo ed Achilleo* et du cloître qui en dépend, situés près les thermes d'Antonin Caracalla. Cette église, bâtie par le pape Jean I, vers l'an 523, restaurée par Léon III, en 796, se trouvoit, en 1595, réduite à un tel état de vétusté, que le cardinal *Baronius*, qui en étoit alors titulaire, fut obligé de la rebâtir presqu'en entier, en conservant cependant le *Sanctuaire*, la *Confession* et les *Ambons* ou pupitres de marbre, sur lesquels, suivant le rite de la primitive église, on lisoit au peuple l'épître et l'évangile. Au fond de la *Tribune* ou rond-point est la chaise en marbre sur laquelle siégea St.-Grégoire le Grand, lorsqu'il récita, dans cette église, sa vingt-huitième homélie qui se voit gravée en entier sur le dossier. Le baldaquin de l'autel est soutenu par quatre belles colonnes de marbre africain, et au-dehors, en face de la porte, on voit une base de porphyre de 10 à 12 pieds de circonférence, qui supporte une colonne de granit.

PLANCHE 95.

N° 58. Plan de l'église de *S. Martino alli Monti*, près Ste.-Marie-Majeure. On croit communément que cette église fut bâtie, vers l'an 324, par le pape St.-Silvestre qui y siégea les premières années de son pontificat, et y tint le premier concile de Rome. Les papes Simmaque I, Serge II et Léon IV la réparèrent successivement, et depuis divers cardinaux titulaires, parmi lesquels on compte St.-Charles Borromée, ont contribué à son embellissement. Mais la plus grande restauration qu'elle ait subie est celle que fit faire en 1650 le père *Filippini*, général des Carmes qui la desservent; il fit polir les belles colonnes de la nef, l'orna de peintures, et renouvella tous les autels sur les dessins de *Filippo Gagliardi*, qui peignit aussi les perspectives de la nef. On descend par un bel escalier placé sous le maître-autel, dans une chapelle souterraine où sont déposés les corps de S.-Silvestre et de St.-Martin; la décoration de ce lieu, qui est orné de colonnes, est de *Pietro da Cortona*.

PLANCHE 96. Plan de Nolli.

Plan de l'église et du convent de *Sta.-Prassede*, près Ste.-Marie-Majeure. Cette église qui, depuis plus de 600 ans, appartient à l'ordre de Vallombreuse, a été bâtie vers l'an 160, par Pie I., sur l'emplacement des Thermes de *Novatus :* Adrien I. y fit des réparations vers l'an 772; et en 817, Pascal I. la reconstruisit à-peu-près dans sa forme actuelle, ainsi que la chapelle ou oratoire de St.-Zénon, qui renferme la colonne à laquelle on prétend que fut attaché J. C., lors de sa flagellation. Vers l'an 1450, Nicolas V la fit rétablir par *Bernardo Rossellini* architecte Florentin; depuis, St.-Charles Borromée construisit le portique et la façade d'entrée; et restaura le pourtour des nefs, ainsi que le sanctuaire et le maître-autel, le tout sur les dessins de *Martino Lunghi*, dit le Vieux. Les colonnes qui décorent la nef au nombre de trente-deux, sont la plupart de granit, et les quatre du maître-autel sont de porphyre rouge. On voit au bas de la nef un puits où, suivant la tradition, Ste.-Praxede faisoit transporter de nuit les corps des saints martyrs. N° 56.

PLANCHE 97.

Plan de l'église de *S. Pancrazio*, sise hors la porte de *S. Pancrazio*, sur la voie *Vitellia*. Bâtie par St.-Félix I., vers l'an 272, cette église a été successivement réparée par les souverains pontifes, jusqu'à ce qu'en 1609 le cardinal *Luigi de Torrès* archevêque de *Morreale*, entreprit de la reconstruire; opération qui ne fut entièrement terminée qu'en 1673. Les colonnes du maître-autel sont de porphyre, et dans la nef on voit deux *Ambons* ou pupitres enrichis de tables de même matière; ces pupitres portent une inscription qui témoigne qu'ils ont été exécutés en 1249, sous le pontificat de Innocent IV : *Ciampini* en donne la figure tom. I, pl. XIII.

PLANCHE 98.

Porte de l'église de *S. Pietro in Montorio* sur le *Janicule*; ce monument de la renaissance de l'art est l'ouvrage de *Baccio Pintelli* architecte Florentin qui, sous Sixte IV, fut employé par le roi d'Espagne Ferdinand le catholique, à la reconstruction de cette église; la façade se voit dans la planche qui suit. N° 1186.

PLANCHE 99.

On a réuni sur cette planche les façades de plusieurs basiliques et églises élevées à différentes époques, depuis les premiers temps de l'église, jusqu'au milieu du XVIe siècle : ce rapprochement, en facilitant la comparaison de leurs différens styles, nous a paru propre à faire naître des observations utiles.

S. Stefano Rotondo, ainsi nommé à cause de sa forme circulaire, est situé dans le quartier *de' Monti*; on prétend, mais sans aucun fondement, que cette église étoit un temple dédié au dieu Faune ou à Claude par *Agrippa*, et que le pape N° 1.

Simplicius l'ayant restauré, le consacra en 468, en l'honneur de St.-Etienne. Plan de Nolli. Depuis cette époque, elle a été embellie ou réparée par les papes Félix IV vers l'an 526, Adrien I. en 773, Innocent II en 1138, et enfin en 1453 par Nicolas V, qui y fit faire, sous la conduite de *Bernardo Rossellini*, une restauration générale, ainsi que le témoigne l'inscription qui est sur la porte. Le diamètre de cette église surpasse de quelques pieds celui du Panthéon : elle est soutenue par 60 colonnes antiques, dont 54 sont de granit; l'inégalité de leurs dimensions, ainsi que la diversité des bases et des chapiteaux prouvent assez qu'elle a été construite avec des matériaux tirés d'édifices antiques.

S. Sebastiano fuori delle mura, église de l'ordre de Citeaux, sur la voie *Appia*, à un mille, ou environ, de la porte de *S. Sebastiano*. C'est une des anciennes basiliques fondées du temps de Constantin : les papes St. Damase, Adrien I et Eugène IV l'ont réparée à diverses époques; et en dernier lieu le cardinal *Scipione Borghese*, neveu de Paul V, la fit presqu'entièrement rebâtir et y ajouta la façade que nous donnons dans cette planche. Elle a été commencée sur les dessins de *Flaminio Pontio*, et terminée par *Giovanni Vasantio*, flamand; les six colonnes qui la décorent sont antiques et de granit.

S. Lorenzo fuori delle mura, sur la voie *Tiburtina*, à un mille, ou environ, de la porte de *S. Lorenzo*. Cette basilique, l'une de celles que fonda Constantin, vers l'an 330, a été successivement embellie et restaurée par les souverains pontifes, et sur-tout par Honorius III qui, outre diverses améliorations, fit élever le portique d'entrée, ainsi que le prouve son portrait en mosaïque, placé au milieu de la frise. Ce portique bâti vers l'an 1216 est supporté par six colonnes cannelées en spirale, dont deux sont de marbre *bigio* et quatre de marbre de *Paros*; les murs sont ornés d'anciennes peintures à fresque, dont une représente Honorius III, couronnant empereur d'occident Pierre de Courtenai, comte d'Auxerre; cérémonie qui eut lieu dans cette église le 18 avril 1217. La planche suivante représente la vue de l'intérieur de cette basilique.

N° 1186. *S. Pietro in Montorio* sur le mont *Janicule*. On fait remonter la fondation de cette église jusqu'au temps de Constantin; ce qu'il y a de certain, c'est qu'après diverses vicissitudes, le pape Sixte IV l'ayant donnée aux religieux de St.-François, le roi d'Espagne Ferdinand IV, dit le catholique, la fit rebâtir vers 1475, sur les dessins de *Baccio Pintelli*. La porte d'entrée est remarquable par sa belle proportion et le précieux de son exécution; on peut en voir le dessin en grand, planche 98.

N° 181. *S. Pudenziana*, église de Feuillans, près Ste.-Marie-Majeure, construite par le pape Pie I l'an 164. Elle a été réparée ou embellie par Adrien III et Innocent II qui, en 1130, l'accorda aux chanoines réguliers de Bologne, auxquels les Feuillans ont succédé sous Sixte V; enfin, en 1598, le cardinal *Vrrico Caetani* la fit rebâtir presque de fond en comble par *Francesco da Volterra*. La porte est ornée de deux colonnes antiques de marbre de Paros, cannelées en spirale, avec des chapiteaux composites à feuilles d'eau, ouvrage que *Ciampini* croit être du VIe. ou VIIe. siècle.

S. Andrea fuori della Porta del Popolo, petite église située sur la route qui conduit de cette porte à *Ponte-Molle*. Le cardinal *Giovanni Maria del Monte*, gouverneur de Rome, lors du sac donné à cette ville par l'armée du connétable de Bourbon, en 1527, ayant été pris comme otage pour sûreté des contributions imposées par les Espagnols, avoit réussi à s'échapper de leurs mains le jour de la fête de St. André. Depuis étant devenu pape en 1550, sous le nom de Jules III, il voulut éterniser sa reconnoissance, en élevant au Saint qu'il regardoit comme son libérateur ce petit temple dont il confia la construction à *Vignola*, qui bâtissoit alors pour lui dans le voisinage le casin, dit la *Villa di papa Giulio*; cet élégant *ex-voto*, l'une des prémices du talent de cet habile artiste, peut être mis au nombre de ses meilleurs ouvrages. Plan de Nolli.

S. Saba. Cette église située près de la porte de *S. Paolo* est fort ancienne, ayant été donnée aux moines grecs qui, lors de la persécution des Iconoclastes, vinrent de l'Orient se réfugier à Rome, vers l'an 770. Elle appartient aujourd'hui au collége germanique, auquel Grégoire XIII l'a accordée. Dans son intérieur elle est décorée de vingt-cinq colonnes, dont deux sont de porphyre noir, deux de porphyre rouge et les autres de granit ou de marbre de Paros. Le pavé est aussi composé de marbres très-précieux. N° 1066.

Oratorio di Sta. Catarina. Petite chapelle située dans le jardin des religieux de *S. Bernardo alle Terme*; elle est construite au fond et au milieu d'un théâtre en forme d'hémicycle, qui faisoit partie des Thermes de Dioclétien; on l'attribue, nous ne savons trop sur quel fondement, à *Andrea Palladio*. N° 196.

S. S. Giovanni e Paolo. Cette ancienne église, bâtie vers l'an 400 par *S. Pammacchius*, a été réparée en différens temps par les cardinaux titulaires, notamment en 1450 par le cardinal *Latino Orsini*, et en dernier lieu par le cardinal *Fabricio Paolucci*, qui fit restaurer, sous la direction d'*Antonio Canevari*, le portique orné de huit colonnes de granit. N° 958.

Sta. Maria dell' Anima. Cette église commencée en 1400, aux frais d'un Flamand, nommé *Giovanni di Pietro*, a été aggrandie depuis par les libéralités de la nation allemande, à laquelle elle appartient. Le *Bramante*, selon *Vasari*, fut consulté sur le dessin de cette église, dont l'exécution fut ensuite laissée à un architecte allemand. Quant à la façade, il paroît qu'elle a été élevée en 1522, sous Adrien VI: elle est remarquable par ses trois portes ornées de colonnes corinthiennes du beau marbre appelé *Porta santa*. *Filippo Titi* attribue avec assez de vraisemblance le dessin de ces portes au vieux *Sangallo*, c'est-à-dire, à *Antonio da Sangallo*, frère de *Giuliano* et oncle d'*Antonio*, l'architecte du palais *Farnese*. N° 600.

S. Pietro in Vincoli, église collégiale des chanoines réguliers de S. Sauveur, près les Thermes de *Titus*. Fondée vers l'an 442, du temps de St. Léon le grand, par les soins de l'impératrice Eudoxie, femme de Théodose le jeune, elle a été rebâtie par Adrien I. Vers l'an 1450, Nicolas V la fit réparer par *Bernardo Rossellini*; puis l'année du jubilé 1475, Sixte IV, et après lui Jules II, son neveu, la restaurèrent et l'embellirent sur les dessins de *Baccio Pintelli*, qui éleva la façade dont nous donnons le dessin. N° 64.

Plan de Nolli. N° 917.

Sta. Maria dell'Ara celi, église de Franciscains, placée au sommet du Capitole. On ignore la date de sa fondation et le temps précis de sa construction : on sait seulement qu'elle est fort ancienne, et qu'elle a été desservie par les moines de St. Benoît jusques vers l'an 1250, que le pape Innocent IV la donna à ceux de St.-François, qui y firent de grandes réparations. C'est sans doute à cette époque qu'il faut rapporter la construction de la façade que nous représentons : la grande voussure dont elle est surmontée, présentoit encore, il y a peu de temps, quelques vestiges d'anciennes peintures en mosaïque. On monte à cette église par un immense escalier composé de 124 marches de marbre, ayant chacune cinquante pieds de long : il a été construit en 1348, et les marbres ont été tirés, dit-on, du temple de *Quirinus* sur le mont Quirinal.

PLANCHE 100.

Vue intérieure de l'église de *S. Lorenzo fuori delle mura*, dont la façade se voit dans la planche précédente. Constantin en est généralement regardé comme le fondateur ; elle a été augmentée et restaurée successivement par les papes Sixte III, Pélage II et Adrien I. Vers l'an 1475, Nicolas V la fit aussi réparer sur les dessins de *Bernardo Rossellini.* L'église est composée de deux parties, le *Chœur* ou *Sanctuaire*, et la *Nef*. Le *Sanctuaire* que l'on dit avoir été construit par Adrien I qui régna de 772 à 795, est formé par de belles colonnes antiques cannelées et ornées de chapiteaux d'un très-beau travail, dont quelques-uns offrent des trophées d'armes avec des victoires ailées dans les angles ; ces colonnes portent une frise en rinceaux, dont les fragmens sont antiques : au-dessus est un second ordre en arcades supportées par des colonnes corinthiennes aussi cannelées ; les quatre colonnes du maître-autel sont de porphyre. La *Nef* est partagée en trois parties divisées par deux files de colonnes de granit au nombre de vingt, avec des chapiteaux ioniques, tirés de divers édifices antiques. L'un de ces chapiteaux présente une singularité remarquable ; au centre de ses volutes et dans la partie que l'on nomme l'œil, ordinairement ornée d'une rosace, on voit d'un côté un lézard, et de l'autre une grenouille, sculptés en bas-relief. Winkelmann conjecture, avec beaucoup de vraisemblance, que ce chapiteau appartenoit autrefois au temple de Junon, l'un de ceux qui ornoient le portique d'Octavie, et que ces figures de reptiles sont les emblêmes de deux architectes de Sparte, nommés *Saurus* et *Batrachus*. Suivant le témoignage de Pline, ces artistes s'étoient chargés de construire ce temple à leurs frais, dans l'espérance d'y inscrire leurs noms : mais cette faveur leur ayant été refusée, ils imaginèrent de les exprimer allégoriquement, en faisant sculpter sur les colonnes un *lézard* et une *grenouille*, dont les noms, en grec, sont Σαῦρος et Βάτραχος, et par cet expédient ils réussirent à faire passer les leurs à la postérité.

FIN.

N O M S

DES PRINCIPAUX AUTEURS

QUI ONT ÉTÉ CONSULTÉS

POUR L'EXPLICATION DES PLANCHES.

Giovanni Ciampini. . . . *Vetera Monimenta, et de sacris aedificiis à Constantino constructis*, 3 vol. *in*-f°. Romæ, 1747.

Alessandro Donato. . . . *Roma vetus ac recens*, *in*-4°. Romæ, 1725.

Famiano Nardini. . . . . *Roma antica*, 3e édition, 3 vol. *in*-8°. Roma, 1771.

Francesco de' Ficoroni. . *Le Vestigia e rarità di Roma antica e moderna*, lib. II, *in*-f°. Roma, 1744.

Bernardo Gamucci. . . . *Delle Antichità della citta di Roma*, lib. IV, *in*-f°. Venezia, 1565.

Lucio Mauro. . . . . . . *Le antichità della citta di Roma*, *in*-12. Venezia, 1558.

Ulisse Aldroandi. . . . . *Le Statue antiche di Roma*, *in*-12. Venezia, 1558.

Francesco Eschinardi . . *Descrizione di Roma e dell' Agro Romano*, *in*-8°. Roma, 1750.

Filippo Titi. . . . . *Descrizione delle Pitture, Sculture ed Architetture di Roma*, *in*-8°. Roma, 1763.

Francesco Casimiro. . . . *Memorie istoriche della Chiesa di Sta Maria in Araceli di Roma*, *in*-4°. Roma, 1736.

Antonio Bosio. . . . . . *Roma Sotterranea*. *in*-f°. max. Roma, 1632.

Gio. Giacomo de' Rossi. . *Palazzi di Roma intagliati da Pietro Ferrerio e Gio. Battista Falda*, lib. II, *in*-f°. oblong, Roma.

Pietro Rossini . . . . . . *Il Mercurio errante*, *in*-8°., 7a edizione, Roma, 1750.

Giuseppe Vasi. . . . . . *Tesoro Sacro delle chiese di Roma*, 2 vol. *in*-12. Roma, 1778.

Domenico de' Rossi . . . *Studio d'Architettura civile*, 2 vol. *in*-f°. Roma, 1702.

Agostino Taia . . . . . . *Descrizione del Palazzo Vaticano*, *in*-8°. Roma, 1750.

Gio. Pietro Chattard. . . *Nuova Descrizione del Vaticano*, 3 vol. *in*-8°. Roma, 1762.

Gaetano Marini. . . . . . *Degli Archiatri pontificii*, 2 vol. *in*-4°. Roma, 1784.

Francesco Borromini. . . *Opere di Architettura*, parti II, *in*-f°. Roma, 1720-1725.

Girolamo Masi. . . . . . *Teoria e pratica di Architettura*, *in*-f°. Roma, 1788.

Pompilio Totti . . . . . . *Ritratto di Roma moderna*, *in*-8°. Roma, 1645.
Roma antica e moderna, 3 vol. *in*-8°. Roma, 1750.

Giorgio Vasari.. . . . . . *Vite de' Pittori, Scultori ed Architetti*, édition de Bottari, 3 vol. *in*-4°. Roma, 1759.

Ascanio Condivi. . . . . *Vita di Michel-Angiolo Bonarruoti*, *in*-f°. Florence., 1746.

Giovanni Baglione. . . . *Vite de' Pittori, Scultori ed Architetti, da Gregorio XIII, sino ad Urbano VIII*, *in*-f°. Roma, 1740.

Filippo Baldinucci. . . . *Notizie de' Professori del disegno*, 22 vol. *in*-8°. Firenze, 1767 - 1774.

Bernardo de' Dominici . . *Vite de' Pittori, Scultori ed Architetti napoletani*, 3 vol. *in*-4°. Napoli, 1742 - 1743.

Nicolo Carletti. . . . . . *Topografia della citta di Napoli*, *in*-4°. Napoli, 1776.

Carlo Celano. . . . . . . *Notizie del bello, dell' antico e del curioso di Napoli*, 3 vol. *in*-12. Napoli, 1758.

Gio. Pietro Bellori. . . . *Vite de' Pittori, Scultori ed Architetti moderni*, *in*-4°. Roma, 1672.

Giam-Battista Passeri. . . *Vite de' Pittori, Scultori ed Architetti, dal 1641 al 1673*, *in*-4°. Roma, 1772.

Guglielmo della Valle. . *Lettere sanesi sopra le belle arti*, 3 vol. *in*-4°. Venezia, 1782, e Roma, 1785.

Antonio Orlandi. . . . . *Abcdario Pittorico dei professori del disegno*, parti II, *in*-4°. Florence, 1788.

Giovanni Bottari. . . . . *Raccolta di lettere sulla pittura, scoltura ed architettura*, 7 vol. *in*-8°. Roma, 1757 - 1773.

Charles Daviler. . . . . . *Cours d'Architecture*, 3 vol. *in*-4°. Paris, 1691.
Serie degli uomini illustri nella pittura, etc., *con i loro elogi e ritratti*, 12 vol. *in*-4°. Florence, 1769-1775.

Luigi Lanzi . . . . *Storia pittorica della Italia*, 3 vol. *in*-8°. Bassano, 1795 - 1796.

Francesco Milizia. . . . . *Vite degli Architetti antichi e moderni*, 2 vol. *in*-8°. Parma, 1781.

Idem. . . . . *Roma delle arti del disegno*, *in*-8°. Bassano, 1787.

Lione Pascoli. . . . . . . *Vite de' Pittori, Scultori ed Architetti moderni*, 2 vol. *in*-4°., Roma, 1730 - 1732.

Andrea Vici. . . . . *Giornale delle Belle Arti*, tome II, page 372, 5 vol. *in*-4°. Roma, 1785.

TABLE CHRONOLOGIQUE

DES ARCHITECTES

MENTIONNÉS DANS CET OUVRAGE,

AVEC LA DATE DE LEUR NAISSANCE ET DE LEUR MORT,

LEURS NOMS ET PRÉNOMS, LEUR PATRIE,

Et le N° des Planches où leurs Ouvrages se trouvent gravés.

Naissance et mort.		Noms et prénoms.	Patrie.	N°s des planches.
1377.	1447.	Giuliano da Maiano	*Maiano, près de Florence . . .*	54.
Florissoit vers	1450.	Bernardo Rossellini	*Florence. . . . .*	96.99 *bis*.100.
Flor. vers	1470.	Baccio Pintelli	*Florence. . . . .*	55.90.98.99 *bis*.
1443.	1517.	Giuliano da Sangallo	*Florence. . . . .*	37.
1444.	1514.	Bramante Lazzari	*Castel-durante, près d'Urbin .*	15.27.45.75.76.77.99.
1470.	1546.	Antonio da Sangallo.	*Mugello, près de Florence . . .*	8.9.29.37.39.40.41.42.43.
1474.	1563.	Michel-Angelo Buonarroti . .	*Caprèse, près d'Arezzo . . . .*	39.40.41.43.51.
1479.	1570.	Jacopo Sansovino	*Florence. . . . .*	11.
1481.	1536.	Baldassare Peruzzi	*Accaiano, près de Siène. . .*	2.4.22.24.28.56.57.59.60.61.74.89.
1494.	1541.	Lorenzo Lotti, *dit* Lorenzetto.	*Florence. . . . .*	6.
1500 . . . *environ*.		Antonio Labacco	*Florence. . . . .*	16.
Flor. vers	1550.	Nanni Bigio.	*Florence. . . . .*	9.
1507.	1573.	Jacopo Barozzi da Vignola. .	*Vignola, près de Modène . . .*	3.29.31.39.42.76.77.78.99.
1511.	1592.	Bartolomeo Ammanati. . . .	*Florence. . . . .*	28.33.35.72.
1518.	1580.	Andrea Palladio.	*Vicence, État de Venise . . .*	99.
	1580.	Pirro Ligorio	*Naples . . . .*	57.
Flor. vers	1570.	Giacomo della Porta	*Rome. . . . .*	36.39.51.52.53.
	1588.	Francesco da Volterra	*Volterra, en Toscane . . . .*	67.99.
Flor. vers	1560.	Giulio Mazzoni	*Plaisance . . . .*	68.69.70.
1530 . . . *environ*.		Ottaviano Mascherino	*Bologne. . . . .*	63.66.
1530 . . . *environ*.		Martino Lunghi, le vieux . .	*Vigiù, dans le Milanez . . .*	10.23.66.87.88.96.
1540.	1614.	Giovanni Fontana	*Mili, près de Côme . . . . .*	21.
1543.	1607.	Domenico Fontana	*Mili, près de Côme . . . . .*	63.64.76.
1556.	1629.	Carlo Maderno	*Bissone, pres de Côme . . . .*	63.64.67.73.81.
1569.	1619.	Onorio Lunghi	*Rome. . . . .*	34.
Flor. vers	1600.	Flaminio Pontio.	*La Lombardie. . . . .*	16.63.65.87.99.
	1622.	Giovanni Vasantio	*La Flandre . . . .*	99.
	1637.	Bartolomeo Breccioli.	*S. Angelo in Vado, près d'Urbin.*	35.
1570.	1655.	Girolamo Rainaldi	*Rome. . . . .*	5.
1581.	1641.	Domenico Zampieri	*Bologne. . . . .*	67.72.

NAISSANCE ET MORT.		NOMS ET PRÉNOMS.	PATRIE.	N°s DES PLANCHES.
1596.	1669.	Pietro Berettini da Cortona. .	*Cortona, en Toscane.*	27.30.95.
1598.	1680.	Lorenzo Bernini.	*Naples*	48.63.81.82.
1599.	1667.	Francesco Borromini	*Bissone, près de Côme*	21.27.51.53.68.82.
1602.	1654.	Alessandro Algardi	*Bologne.*	72.
1605.	1656.	Martino Lunghi, le jeune. .	*Rome.*	35.
1616.	1695.	Gio. Antonio de' Rossi . . .	*Brembato, près de Bergame* . .	5.11.
1634.	1714.	Carlo Fontana.	Bruciato, près de Côme. . . .	48.
1637.	1695.	Mattia de' Rossi	*Rome.*	16.
1681.		Antonio Canevari	*Rome.*	99.
Flor. vers	1700.	Carlo Bizzaccheri	Rome.	28.
Flor. vers	1700.	Carlo Stefano Fontana . . .	*Rome.*	93.
1699.		Ferdinando Fuga	*Florence.*	63.84.
1724.	1781.	Michel-Angelo Simonetti . .	*Rome.*	91.
	Vivant.	Pietro Camporesi	*Rome.*	91.

LISTE DES SOUSCRIPTEURS.

A

Afurh.
Alavoine, Architecte.
Alexandre, Sculpteur.
Alquier.
André, Architecte.
Andrieux, Graveur.
Ansiaux, Peintre.
Aubert, Architecte.
Aubourg.

B

Baltard, Architecte.
Balzac, Architecte.
Barbier, *Peintre*.
Barigny, Ingénieur.
Barry, Peintre.
Barthe.
Bassi, Architecte.
Bataille.
Bataille, Architecte.
Bauce.
Baudouin.
Beaumont, Architecte.
Beaupré.
Beauvillain.
Belenger, Architecte.
Bellanger.
Benard, Architecte.
Bergerac, Architecte.
Bertheault, Architecte.
Bertholini.
Bertomée, Architecte.
Bertrand, Peintre.
Besnard, Sculpteur.
Besnard, Architecte.
Beudot, Architecte.
Bezin, Ingénieur.
Bidault, Peintre.
Bienaimé, Architecte.
Biennais.
Bierrefurer, Architecte.
Bigand, Architecte.
Bigot.
Billiot.
Blainville.
Bleve, Architecte.
Blondel, Ingénieur.
Bodiment.
Boivin, *Peintre*.
Bonet, Architecte.
Bonnard, Architecte.
Boucher, Peintre.
Bouchu, Architecte.
Bouflé.
Bouiller.
Boulard.
Boullogne.
Bourlat, Architecte.
Briant, Peintre.
Bridan, *Sculpteur*.
Briquet.
Brunet, Architecte.
Brunet, Ingénieur.
Bruyère, Ingénieur.
Buri, Architecte.

C

Calamard, Sculpteur.
Callet, Architecte.
Caquet, Architecte.
Caristie, Ingénieur.
Caron, Architecte.
Cartri, Sculpteur.
Cassas, Peintre.
Cassin, Architecte.
Catel (Les frères), Architectes.
Caux, Architecte.
Célérier, Architecte.
Chabonnet, Architecte.
Chabrefi.
Chaillot, Peintre.
Chalgrin, Arch. m. de l'Inst.
Charet.
Charpentier, Architecte.
Charvet, Architecte.
Chatillon, Architecte.
Chaudet, Sculpteur.
Chauvelin.
Chemoux.
Cheronet, Architecte.
Clavareau, Architecte.
Clochard, Architecte.
Coffinet, Architecte.

K

Coini, Graveur.
Colliot, Architecte.
Colson, Architecte.
Combes, Architecte.
Corbel, Sculpteur.
Corcelle, Architecte.
Couade, Architecte.
Courtalo, Ingénieur.
Coussin, Architecte.
Courteépée, Architecte.
Couturier.
Craff, Architecte.
Cramaille, Architecte.
Croissant, Architecte.
Cruci, Architecte.
Cuvillier, Peintre.

D

Daguet.
Daguin.
Damas.
Daméme, Architecte.
Danneville.
David, Peintre, m. de l'Instit.
Debray, Architecte.
Dedebant, Architecte.
Degotti, Peintre.
Deharme.
Delespine, Architecte.
Delettre, Architecte.
Delettre, Graveur.
Delore, Architecte.
Deroy.
Deschamps, Architecte.
Desfontaines, Peintre.
Desmarais, Graveur.
Destournelles, Architecte.
Destriches, Architecte.
Detawe, Peintre.
Devaine.
Dewailly, Arch. m. de l'Inst.
Divonnet, Peintre.
Dubois.
Dubois, Peintre.
Dubos, Peintre.
Dubos fils, Architecte.
Ducamp-Bossi, Architecte.
Duchange, Ingénieur.
Duchemin, Ingénieur.
Dufay, Architecte.
Dufourni, Arch. m. de l'Instit.
Duhamau, Architecte.
Dumannet, Architecte.
Dumanoir, Architecte.
Dumoustier, Ingénieur.
Durand, Architecte.
Dutang, Ingénieur.
Dutour.

E

Edouin, Peintre.
Eliortz, Peintre.
Espercieux, Sculpteur.

F

Famin, Architecte.
Fayard.
Février.
Feuchere, Sculpteur.
Fichet, Architecte.
Foucherot, Ingénieur.
Fraisse, Architecte.

G

Gabbiou.
Gabriel, Architecte.
Galimart, Architecte.
Gallet.
Garez, Architecte.
Gasse, Peintre.
Gateaux, Graveur.
Gaucher, Architecte.
Génain, Architecte.
Georges, Graveur.
Gérard, Peintre.
Gérard, Sculpteur.
Gilbert.
Gilbert, Architecte.
Gilet.
Gillet, Sculpteur.
Giordani.
Girardin.
Girodet, Peintre.
Gisors, Architecte.
Gisors jeune, Architecte.
Godard, Peintre.
Godefroy, Architecte.
Godon.
Gondouin, Arch. m. de l'Inst.
Gounod, Peintre.
Gouste, Architecte.
Goutiere, Sculpteur.
Grandjean, Architecte.
Grelot.
Gudin.
Guenoux, Architecte.
Guignet, Architecte.
Guillaume.
Guillaumot, Architecte.
Guillot.
Guillot, Architecte.

H

Hébert, Architecte.
Henri, Architecte.
Hersant, Sculpteur.
Heurtier, Architecte.
Hubert, Graveur.
Huin.
Hunoult.
Hurtault, Architecte.

I

Isabey, Peintre.
Ivert, Architecte.

J

Jacob aîné.
Jacob jeune, Sculpteur.
Jacquemart, Architecte.
Jallier, Architecte.
Jobbet, Architecte.
Jomart, Architecte.
Joubert.
Jourdain.
Jouse, Peintre.

K

Kupfer, Architecte.

L

Labadie.
Labadie, Architecte.
Labbé, Architecte.
Lafitte, Peintre.
Lafontaine (de), Sculpteur.

Lagardette (de), Architecte.
Lagrenée fils, Peintre.
Lamarre.
Lange, Sculpteur.
Lanoy, Architecte.
Larsonneur, Architecte.
Latombe.
Laurent, Sculpteur.
Lautour, Architecte.
Lebas, Architecte.
Leblond.
Lebrun, Architecte.
Lechantre, Peintre.
Lecomte, Architecte.
Lecoulteux.
Ledean.
Ledoux, Architecte.
Lefranc de Pompignan.
Legrand, Architecte.
Legrand, Graveur.
Leloire, Architecte.
Lelong, Architecte.
Lemaitre, Vérificateur.
Lemire, Peintre.
Lemit fils, Architecte.
Lemoine, Architecte.
Lemonnier.
Lemot, Sculpteur.
Lenoir, Peintre.
Lepeige.
Leroux, Architecte.
Leroy, Arch. m. de l'Institut.
Lesage.
Lesage, Ingénieur.
Lescot, Ingénieur.
Lesueur, Peintre.
Lettu, Architecte.
Levreau, Architecte.
Lomet.

M

Magimel.
Maigret.
Malbranche, Architecte.
Mandar, Architecte.
Manget.
Marchand.
Marcion.
Maréchal, Architecte.
Mareux, Architecte.
Marquis, Architecte.
Martinez.
Massiette.
Masson, Architecte.
Masson, Ingénieur.
Masson, Sculpteur.
Mathis, Peintre.
Mazzone, Architecte.
Melang, Peintre.
Ménager, Architecte.
Ménager, Architecte.
Ménier, Peintre.
Mérimée, Peintre.
Micault d'Arveley.
Michallon, Sculpteur.
Michaux (Emm.), Architecte.
Milbert, Peintre.
Millière.
Million, *Peintre*.
Moenck, Peintre.
Moite, Architecte.
Molinos, Architecte.
Monnoie, Architecte.
Moreau, Architecte.
Morel d'Arleux, Peintre.
Morin (Madame), Peintre.
Morlot, Peintre.
Mouchette, Architecte.

N

Nisard.
Nivelot, Ingénieur.

O

Obré.
Olivier, Architecte.
Orelli.
Ossuna (M. le duc d').
Osterwald.
Oudinot, Architecte.

P

Pacault.
Palez.
Parelle.
Paris aîné, Architecte.
Paris jeune, Architecte.
Pélago fils, Architecte.
Penchaud, Architecte.
Pérard, Architecte.
Périac.
Périer, Architecte.
Pernon.
Perpignan.
Perregaux.
Petitot, Sculpteur.
Peyre l'aîné, Arch. m. de l'Inst.
Peyre le jeune, Architecte.
Peyre (la), Ingénieur.
Philippe, Architecte.
Picot, Dessinateur.
Pierlot.
Piet, Ingénieur.
Plou, Architecte.
Poitevin, Architecte.
Pompon, Architecte.
Portalis.
Portier.
Potter.
Pottier fils, Dessinateur.
Pougens.
Poulain, Architecte.
Poyet, *Architecte*.
Prieur, Architecte.
Provost, Architecte.

Q

Quantinet.
Quest.
Queval.

R

Radet, Architecte.
Rainette.
Raymond, Arch. m. de l'Instit.
Réatu, Peintre.
Reboul, Architecte.
Redouté, Peintre.
Redouté jeune, Peintre.
Regnault, Peint. m. de l'Instit.
Renard, Architecte.
Robbi, Architecte.
Rochefort, Architecte.
Renaud, Architecte.
Roger, Sculpteur.
Rolland, Peintre.
Rougemont.
Rouillac, Architecte.
Rousseau, Architecte.
Roussel, Architecte.

S

Saumel, Graveur.
Sauvageot, Architecte.
Sedaine, Architecte.
Sère, Vérificateur.
Sheult, Architecte.
Silvestre.
Sobbre, Architecte.
Sokolniki.
Soissons (Les frères), Arch.
Soufflot, Architecte.
Stouf, Architecte.

T

Tardieu, Architecte.
Taunay, Peintre, m. de l'Ins.
Teynin [uncertain reading]
[illegible], Architecte.
Thibault, Architecte.
Thiebault, Architecte.
Trabucchi.
Travers.
Trouard, Architecte.
Trouille, Ingénieur.

V

Vacquier.
Valdenuit.
Vallot, Architecte.
Vancléenput, Architecte.
Vandael, Peintre.
Varin, Architecte.
Vasserot l'aîné, Peintre.
Vasserot le jeune.
Vatteau, Architecte.
[illegible], [illegible]
Vavin, Architecte.
Vavin, Peintre.
Vavin le jeune.
Verli, Architecte.
Verney.
Vestier, Architecte.
Viallet.
Vignon (Barthelemi), Arch.
Vignon, Architecte.
Villers, Architecte.
Villetard, Architecte.
Vincent, Peintre, m. de l'Inst.
Vincent.
Viret, Peintre.

W

[illegible], [illegible]

PARIS, DE L'IMPRIMERIE DE BAUDOUIN.

www.ingramcontent.com/pod-product-compliance
Lightning Source LLC
Chambersburg PA
CBHW071549220526
45469CB00003B/957